Dieter L. Schmich

Sicherheit und Karriere durch Networking

Mit Soziabilität und Netzwerken
soziale und berufliche Verbündete schaffen

D1640520

dielus **edition**
www.dielus.com

Lektorat: Rheinlektorat
Umschlaggestaltung: dielus
Umschlagabbildung: © iStockphoto.com (aymanabbas)
Printed in Germany

ISBN 978-3-9815711-2-7

Bibliografische Information der Deutschen Bibliothek: Die Deutsche Bibliothek verzeichnet diese Publikation in der Deutschen Nationalbibliografie; detaillierte bibliografische Daten sind im Internet abrufbar über https://portal.d-nb.de

Dieter L. Schmich

Sicherheit und Karriere durch Networking

Die Karriere-Trilogie mit dem Goldfisch

Erfolgsstrategien auf den Punkt gebracht von Dieter L. Schmich

Band 1
Bewerbung vorbereiten

Band 2
Job finden

Band 3
Karriere machen

ISBN 978-3-9815711-1-0   ISBN 978-3-9815711-0-3   ISBN 978-3-9815711-2-7

(1) Im ersten Schritt analysiert unser Goldfisch sein berufliches Können und erstellt moderne, aussagekräftige Bewerbungsunterlagen.

(2) Danach stellt er sicher, dass er in wenigen Wochen attraktive Positionen findet und in Vorstellungsgesprächen den Zuschlag erhält.

(3) Schließlich kümmert er sich um seine weitere Karriere. Er schließt sich mit anderen Goldfischen zusammen, um berufliche und soziale Netzwerke zu schaffen. Er möchte für jede Lebenslage über die richtigen Verbündeten verfügen. Nun kann er dynamischen Zeiten nicht nur gelassener entgegentreten, sondern auch schneller seine beruflichen und persönlichen Ziele erreichen.

Obwohl die drei Bücher zusammen betrachtet ein kausal verknüpftes Karrierekonzept bilden, sind sie in sich abgeschlossen und auch unabhängig voneinander lesbar. Um dies zu gewährleisten, waren an wenigen Stellen kurze Wiederholungen notwendig.

Inhaltsverzeichnis

Schlüsselqualifikation Soziabilität

Es geht in diesem Ratgeber um die Schaffung von sozialen und beruflichen Netzwerken, auch Networking genannt. Um ein solches Beziehungsgeflecht zu erhalten, benötigt man neben einigen Instrumenten und Techniken, eine bestimmte Befähigung – die Soziabilität (neulateinisch soziabilis: „Zum Gefährten geeignet"). Dieser Begriff stammt aus der Psychologie und umfasst die Fähigkeit, soziale Beziehungen aufzunehmen und zu pflegen. Der Grad der Soziabilität bestimmt, wie sehr man in der Lage ist, sich eine Gruppe aufzubauen, sich einzufügen und wirkungsvoll mit anderen Menschen zusammenzuarbeiten. Soziabilität ist damit die Schlüsselqualifikation für das Networking.

Es versteht sich von selbst, dass insbesondere Traumkarrieren oder Spitzenpositionen meist nur durch persönliche Kontakte machbar sind. Dies war früher so und wird sich in Zukunft auch nicht ändern. In der Vergangenheit war es damit der persönlichen Entscheidung eines jeden überlassen, ob er sich mit dem Netzwerkaufbau befassen wollte. Denn war jemand nicht besonders erfolgsorientiert, waren gute Beziehungen nicht unbedingt erforderlich. Das Berufsleben entwickelte sich dennoch zufriedenstellend.

Heute wenden sich dennoch immer mehr dem Networking zu. Auch dann, wenn keine sonderlichen Erfolgsansprüche bestehen. Die Ursache für diesen flächendeckenden Trend ist in der Dynamik unserer Zeit zu suchen. Das heißt, das Berufsleben ist weniger planbar geworden und die durchschnittliche Anstellungsdauer ist im freien Fall. Zudem bedrohen Bankenpleiten unsere Sparguthaben und der Zusammenbruch der Sozialversicherungssysteme trägt sein Weiteres zur allgemeinen Verunsicherung bei. Gleichzeitig übt der Staat seine Schutz gebende Funktion immer weniger aus.

Im Ergebnis haben viele Menschen das Gefühl, drohenden Umbrüchen im Arbeitsleben, aber auch im Alltag hilflos ausgesetzt zu sein. Da ist es ein beruhigendes Gefühl, über ein Netzwerk zu verfügen, das Hilfestellung bietet, wenn es darauf ankommt. Damit steht nicht mehr der Karriereaspekt allein beim Networking im Vordergrund. Vielmehr hat der Sicherheitsfaktor erheblich an Bedeutung gewonnen.

Unabhängig davon, ob Sie nun eher an Spitzenpositionen oder an mehr Sicherheit interessiert sind, mit Networking ist beides realisierbar. Allerdings sind viele der Ansicht, dass dabei Online-Communities im Internet die Hauptrolle spielen. Dem ist leider nicht so. Mit Facebook & Co. können Sie keine Verbündeten schaffen. Internet-Netzwerke sind zwar wertvolle Kontaktinstrumente, aber auch nicht mehr. Vielmehr geht es um die komplexe Materie, unter welchen Bedingungen Menschen bereit sind, sich gegenseitig zu unterstützen. Jeder, der sich mit Netzwerken schon beschäftigt hat, erkennt schnell, dass dies mit ein paar Klicks am PC und einigen virtuellen Kontakten im Internet nicht möglich ist.

Selbstverständlich stelle ich alle notwendigen Zwischenschritte vor, bis schließlich ein funktionierendes Netzwerk entsteht. Keine Frage, dabei spielt auch das Internet eine Rolle, um neue Kontakte zu schaffen. In der Hauptsache werde ich mich aber auf eine bestimmte Hürde konzentrieren, die von jedem Netzwerkinteressierten überwunden werden muss: Wie Sie es erreichen können, dass Sie tatsächlich Unterstützung erfahren. Dazu müssen sich anfänglich lose Kontakte nach und nach zu vertrauensvollen Verbündeten entwickeln.

Es ist ein weites Feld, wann und warum Menschen sich gegenseitig fördern. Dennoch wage ich es wieder, auch diesen vielschichtigen Stoff mit diesem Buch leserfreundlich auf den Punkt zu bringen.

Dieter L. Schmich

1 Netzwerkidee

Ich mache tagtäglich die Erfahrung, dass Menschen ihre Wünsche nicht ausreichend kommunizieren.

Wenn niemand von Ihren Wünschen erfährt, kann es auch niemand geben, der diese erfüllt.

Vielleicht liegt es auch daran, dass wir alle einen Hang dazu haben, ständig so zu tun, als wäre alles in Ordnung. Wir suggerieren der Umwelt wir wären wunschlos glücklich, schließlich möchten wir uns erfolgreich in der Öffentlichkeit präsentieren. Da passt die Kommunikation von unerfüllten Träumen nicht ins Bild. Kurzum: Jeder kennt das Gefühl unerfüllter Bedürfnisse, aber niemand spricht darüber.

Diese Situation können Sie mit Networking abstellen. Sie bauen sich eine Gruppe auf, die Ihnen behilflich ist, Ihre beruflichen und privaten Wünsche zu realisieren. Stehen Ihnen mehr Bekannte oder Freunde zur Verfügung, gibt es mehr Leute, denen Sie Ihr Anliegen mitteilen können. Wissen mehr von Ihren Bedürfnissen, steigen die Chancen, dass jemand darunter ist, der genau das bietet, was Sie im Vorfeld gesucht haben. Je größer Ihr Netzwerk ist, umso höher ist die Wahrscheinlichkeit auf einen Volltreffer.

Soziale und berufliche Netzwerke sollen dabei helfen, eigene berufliche und private Wünsche zu erfüllen.

Falls Ihr Hauptbedürfnis ist, mehr Sicherheit in Ihr Leben zu bringen, dann starten Sie mit diesem Anliegen Ihren Netzwerkaufbau. Sind Sie an einer Traumkarriere interessiert, dann eben mit diesem Ziel. Welche Wünsche Sie im Speziellen durch Networking erfüllt wissen möchten, bleibt also Ihnen überlassen. Wichtig ist nur eines: Sie sollten beginnen, Ihre Bedürfnisse in die Welt zu tragen! Irgendwo wird es jemanden geben, der sie erfüllen kann. Zumindest kann er maßgeblich dazu beitragen.

Wahrscheinlich werden Sie einwenden, dass Sie doch nicht jedem x-beliebigen Menschen Ihre Wünsche mitteilen können. Damit haben Sie auch recht. Dies ist nur dann möglich, wenn Ihr Gegenüber vertrauenswürdig ist, schließlich geben Sie unter Umständen einiges von sich preis. Ich kann Sie aber beruhigen: Mit diesem Buch werde ich Ihnen Wege aufzeigen, wie Sie auch Vertraute entstehen lassen können.

Bevor Sie mit dem Netzwerkaufbau starten können, sollten Sie sich also erst einmal klar darüber werden, was Sie wollen. Sie sollten Ihre Wünsche konkretisieren. Es wäre sehr bedauerlich, wenn Sie mit den richtigen Leuten in Kontakt kämen, aber sich nicht erklären könnten.

Tragen Sie nun Ihre Ziele in die folgende Tabelle ein. Was versprechen Sie sich von einem funktionierenden Netzwerk? Sie können dabei auch Prioritäten setzen:

Hauptwunsch:

Ich suche: ....

Zweiter Wunsch:

Ich suche: ....

Dritter Wunsch:

Ich suche: ....

Sicher wird es auch Leserinnen und Leser geben, die durchaus Wahlfreiheit haben. Das heißt, sie könnten sich schon jetzt so manchen privaten und beruflichen Wunsch erfüllen. Aber dennoch sind sie sich unsicher, was sie tatsächlich wollen. Sie spüren zwar eine allgemeine Unzufriedenheit, können sich aber nicht entscheiden, wohin die Reise letztendlich gehen soll. Andere wiederum müssen feste Gegebenheiten in ihrem Alltag akzeptieren, die die Umsetzung bestimmter Ziele scheinbar unmöglich macht.

Insgesamt sind solche Ausgangssituationen nicht gerade ideal, aber auch nicht weiter tragisch. In diesen Fällen benötigt man einfach Ideen. Oft ist man in der persönlichen Situation so verstrickt, dass man in eigener Sache sozusagen betriebsblind ist. Man dreht sich förmlich im Kreis. Die Lösung liegt dann in der Außenwelt. Denn in dieser speziellen Ausgangssituation haben Sie ganz einfach Menschen zu suchen, die Ihnen neue Sichtweisen und objektive Meinungen bieten.

Netzwerke können auch als ideale Inspirationsquelle dienen.

Je mehr Sie mit neuen Personen in Kontakt kommen, umso höher ist die Wahrscheinlichkeit, dass Ihnen die Idee schlechthin präsentiert wird. Warum Ihnen dabei ausgerechnet Networking ganz besonders weiterhilft, liegt im Übrigen in der Mathematik begründet – dazu jetzt mehr.

1.1 Das Kleine-Welt-Phänomen

Der ursprüngliche Netzwerkgedanke basiert auf einem mathematischen Effekt – das „Kleine-Welt-Phänomen". Dieser sozialpsychologische Begriff wurde im Jahr 1967 von Stanley Milgram geprägt. Dieses Phänomen beschreibt den hohen Grad abkürzender Wege aufgrund persönlicher Beziehungen in einer modernen Gesellschaft. Stanley berechnete, dass jeder Mensch auf der Erde mit jedem anderen über eine überraschend kurze Kette von Bekanntschaftsbeziehungen vernetzt ist. Er fand heraus, dass jeder mit jedem über sechs bis sieben Ecken verbunden ist. Aktuelle Studien bestätigen dies. Was bedeutet dies konkret?

Mal angenommen, Sie möchten irgendjemandem auf der Welt eine Information zukommen lassen. Dann wäre es ausreichend, wenn Sie in Ihrem nächsten Umfeld wahllos nur einigen wenigen x-beliebigen Menschen diese Nachricht übermitteln. Vorausgesetzt, diese Personen würden das Gleiche tun, so würde Ihre Nachricht schon nach sechs bis sieben Stationen Ihre Zielperson automatisch erreichen. Das heißt, Sie hätten Ihren Bekannten nicht direkt angesprochen, sondern Ihre Informationen diffus in die Welt geschickt und dennoch wären diese bei ihm angekommen.

Networking basiert demnach erst einmal auf reiner Mathematik. In einem Netzwerk verbreiten sich Daten nicht mit einer linear, sondern mit einer exponentiell ansteigenden Rate. Der Verbreitungsgrad von Informationen potenziert sich – es tritt der sogenannte „virale Effekt" ein.

Was mit dem Begriff „exponentiell" gemeint ist, zeigt anschaulich das berühmte persische Märchen, in dem Reiskörner auf ein Schachbrett gelegt werden sollen. Beginnt man im ersten Schachfeld mit einem einzigen Korn und verdoppelt danach die Anzahl von Feld zu Feld, so würden schon im achtzehnten Feld 32.768 Reiskörner liegen. Schließlich wäre auf dem 64. Feld die unglaubliche Zahl von 9.223.372.036.854.775.808 erreicht (9.223.372 Billionen Reiskörner)!

Auch wenn wir es mit einem rein theoretischen Ansatz zu tun haben, können die mathematischen Gesetzmäßigkeiten nicht wegdiskutiert werden. Das heißt, im Prinzip können Sie mit einem funktionierenden Netzwerk mit der ganzen Welt in Kontakt treten und dies in einer Art und Weise, die ihresgleichen sucht.

Aber auch der Umkehrschluss gilt: Sie können nicht nur etwas verbreiten, sondern auch empfangen. Benötigen Sie wichtige Informationen, so ist dies in gleicher Weise machbar.

> **Mit Netzwerken können Sie mit einem minimalen Aufwand mit einer maximalen Anzahl von Menschen in Kontakt treten.**

Wenn Sie in einem hohen Maße Informationen erhalten oder welche verbreiten können, liegt es in der Natur der Sache, dass Sie dabei auch die richtigen Verbündeten finden werden.

1.2 Karriere- und Existenzsicherung

Wie ich eingangs erwähnt habe, können durch gute Beziehungen der berufliche Erfolg initiiert und beschleunigt werden. Ist man insbesondere an Spitzenpositionen und außergewöhnlichen Karriereverläufen interessiert, ist man darauf angewiesen, von maßgeblichen Entscheidungsträgern gefördert zu werden. Ohne Mentoren ist das Überschreiten eines bestimmten beruflichen Levels nicht möglich. Sind solche Traumkarrieren das Ziel, kommt man nicht umhin, entsprechende berufliche Netzwerke zu schaffen. Dies war schon früher so und wird auch in Zukunft so bleiben.

In der Vergangenheit blieb es somit der persönlichen Entscheidung eines jeden überlassen, ob er sich dem Networking zuwenden wollte oder nicht. War jemand beispielsweise nicht außergewöhnlich erfolgsorientiert, konnten ihm gute Beziehungen mehr oder weniger egal sein.

Trotzdem ist Networking zu einem Massenphänomen geworden. Die Ursache für diesen Trend liegt nicht darin, dass jetzt jedermann karriereorientiert geworden ist, sondern weil in persönlichen Kontakten andere Vorteile gesehen werden. In Zeiten von Unsicherheit und Veränderung haben viele Menschen wieder das Bedürfnis, sich mit

Dieter L. Schmich

anderen zusammenzuschließen. Sie versprechen sich davon mehr Sicherheit und Planbarkeit für ihr Leben.

Damit erfüllen heute Beziehungsgeflechte ganz andere Funktionen, als noch vor Jahren. Während früher der Karriereaspekt im Vordergrund stand, ist es heute der Sicherheitsaspekt. Networking kann infolgedessen zwei grundsätzliche Funktionen erfüllen:

1. **Existenzsicherung**

2. **Karrieresicherung**

Starten wir mit der existenziellen Absicherungsfunktion durch Networking.

Existenzsicherung

Netzwerke sind die Nachfolgemodelle der früheren Großfamilie. Noch vor hundert Jahren war es in der westlichen Welt üblich, dass Paare fünf bis zehn Kinder zeugten. Setzt man voraus, dass zwei bis drei Generationen immer gleichzeitig am Leben sind, entstehen praktisch drei Netzwerkebenen, in denen sich die Anzahl der Familienmitglieder exponentiell erhöht. Dieser mathematische Effekt wurde mit jeder Heirat weiter verstärkt – Netzwerke vernetzten sich mit Netzwerken. Schnell entstand eine gewaltige Anzahl von verbundenen Personen. Wurden Familienfeste gefeiert, konnte die Einladungsliste schnell eine großzügige dreistellige Zahl ausmachen. Und dies ausschließlich nur mit Verwandten.

Sie können ja mal selbst hochrechnen. Nehmen Sie einfach an, dass damals durchschnittlich nur fünf Kinder je Familie heirateten und wieder die gleiche Zahl an Nachkommen zeugten. Dann standen jedem Einzelnen schon allein vierzig Cousins und Cousinen zur Verfügung. Ganz zu schweigen von der gewaltigen Anzahl von Nichten, Neffen, Großcousinen, Großcousins, Tanten und Onkel, Großtanten, Großonkel. Falls der Fall eingetreten ist, dass sogar vier Generationen gleichzeitig am Leben waren (Urverwandte = vier Netzwerkebenen), dann wird das Ganze schon zu einer kleinen mathematischen Herausforderung. Man kommt auf eine geradezu unglaublich große Anzahl an Verwandten.

Auch dann, wenn durch Familienstreit oder sonstige Einflüsse der Netzwerkeffekt reduziert wurde, so stand doch jedem Mitglied einer Großfamilie eine großzügige Mindestmenge an Verbündeten zur Verfügung. Ob bei Altersschwäche, Krankheit, Vermögensverlust oder Naturkatastrophen, man konnte in der Not auf genügend Personen zurückgreifen. Gleichzeitig war die individuelle Belastung eines jeden Familienangehörigen gering, schließlich konnte vieles auf mehrere Schultern aufgeteilt werden.

Aber auch ohne existenzielle Bedrohungen war vor hundert Jahren die gewaltige Anzahl von Geschwistern, Cousins, Cousinen, Onkel, Tanten etc. von großem Vorteil. Wollte man beispielsweise ein Haus kaufen, musste jeder nur einen kleinen Teil beisteuern und dennoch kam eine beachtliche Summe zusammen.

Wurden hingegen berufliche Perspektiven gesucht, konnte man sicher sein, dass irgendeiner der zig Cousins an der richtigen Stelle saß. Der Begriff „Vetternwirtschaft" stammt noch aus dieser Zeit. Eine Ära, in der existenzsichernde Beziehungsgeflechte hauptsächlich aus Familienbanden bestanden.

Die Großfamilie ist nun seit vielen Jahrzehnten Vergangenheit. Die durchschnittliche Geburtenrate liegt derzeit bei ein bis zwei Kindern je Paar. Ein exponentiell ansteigender Netzwerkeffekt (siehe: Reiskörner auf dem Schachbrett) kann sich nicht mehr einstellen. Bei ein bis zwei Kindern je Generationsstufe ist dies schon allein aus mathematischen Gründen nicht mehr machbar. Damit kann das Lebenskonzept „Familie" die Funktion eines existenzsichernden Beziehungsgeflechts nicht mehr erfüllen. Eine ausreichende Netzwerkdurchdringung der Gesellschaft mit Verwandten kann nicht mehr gewährleistet werden. Zudem ist die Unterstützungsbelastung für einzelne Hilfeleistenden aufgrund der zu geringen Anzahl von Familienmitgliedern zu hoch. Das Prinzip, dass Hilfestellung auf viele Schultern verteilt werden kann, funktioniert damit ebenso nicht mehr.

Historisch gesehen hätte die Gesellschaft die verloren gegangene Großfamilie durch ein größeres privates Umfeld kompensieren müssen. Dazu gab es aber keine Veranlassung mehr – mittlerweile war nämlich der Wohlfahrtsstaat geboren.

Seit den 1960er-Jahren stiegen die Gehälter permanent und die monatlichen Einnahmen waren durch langfristige Beschäftigungsverhältnisse gesichert. Bei Arbeitslosigkeit oder Krankheit sprangen gesetzliche Sozialversicherungen ein. Zudem regelten funktionierende Rentensysteme die Zeit nach dem Berufsleben. Es gab für alles und jeden mehr oder weniger eine Grundversorgung. Zudem entwickelte sich eine Erbengeneration. Zusätzliches, nicht selbst erarbeitetes Vermögen, trug weiter dazu bei, die Existenz abzusichern.

Alles in allem war zumindest für das nackte Überleben gesorgt. Die Großfamilie durch das Schaffen vieler Verbündeter zu kompensieren, war damit nicht mehr notwendig. Der Staat, Sozialversicherungskassen sowie die Gesamtheit aller Arbeitgeber übernahmen die Grundversorgung eines jeden Einzelnen. So weit, so gut.

Diese (durchaus positive) Entwicklung in der zweiten Hälfte des letzten Jahrhunderts führte aber auch dazu, dass sich soziale Bindungen unter der Bevölkerung lockerten. Individualisierungsprozesse traten an deren Stelle. Jedermann konnte frei und selbstbezogen leben, ohne dabei Gefahr zu laufen, in eine existenzbedrohende Notlage zu geraten. Die Fähigkeit der Soziabilität musste nicht mehr gelebt werden – es gab dazu keine existenzielle Notwendigkeit mehr. Die grundsätzlichen Regeln für soziale Beziehungsgeflechte gerieten in Vergessenheit. Es entstand eine Gesellschaft, die in der Mehrheit sozialisierende Kommunikationsformen und Verhaltensweisen nicht mehr anwandte.

Diese egozentrische Randerscheinung des Wohlfahrtsstaates hatte ihren Zenit in den 1990er-Jahren erreicht (Gordon Gekko im Film

Wall Street: „Wenn Du einen Freund suchst, kauf Dir einen Hund.").
Grundsätzliche Werte des sozialen Miteinanders waren plötzlich out.
Der Einzelkämpfer wurde modern. Die anfänglich durchaus sinnvollen Individualisierungsprozesse innerhalb der Bevölkerung verkümmerten zu einsamen Egotrips. Einpersonenhaushalte, alleinerziehende Mütter und Väter, einzeln ausführbare Trendsportarten wie Joggen, Fitnesstraining, Inlineskating etc. sind das Resultat dieses fortgeschrittenen Vereinzelungstrends. Das Ganze wurde durch das Aufkommen des Internets weiter beschleunigt. Der PC, das Smartphone oder das Tablet mutierte für viele Menschen zum alleinigen ‚Verbündeten'.

Diese beschriebene soziologische Veränderung der Beziehungsstrukturen innerhalb Wohlfahrtsgesellschaften wäre im Prinzip nicht weiter tragisch, denn schließlich kann jeder selbst entscheiden, welche Lebensform er wünscht. Dabei gibt es aber einen kleinen Haken zu beachten – die Zeiten haben sich mittlerweile gewandelt!

Pünktlich zum Millennium startete weltweit ein gewaltiger Umbruchsprozess, der bis heute anhält. Die Welt veränderte sich ab jetzt in einem immer schnelleren Tempo: Der Euro wurde eingeführt (2001), Kriege wurden wieder gesellschaftsfähig, es gab die schwerste Wirtschaftskrise seit dem 2. Weltkrieg (2002-2004), die Finanzkrise nahm ihren Anfang (Lehmann Brothers-Pleite, 2008), Wetterextreme waren im Vormarsch (2 x Jahrhunderthochwasser in Mitteleuropa) und, und, und.

Im Ergebnis verschwand die Planbarkeit und Sicherheit für jedermann. Kein Land der Erde allein ist so liquide, um die aufgezählten Herausforderungen bewältigen zu können. Der Staat, als Schutz gebender Ersatz für die Großfamilie, ist an seine Leistungsgrenze angelangt.

Diese Problematik wird sich durch den demografischen Wandel weiter verschärfen. In wenigen Jahren wird das Gros der Gesellschaft aus Rentnern und Pensionären bestehen. Die Grundrechnungsarten eines jeden Taschenrechners reichen aus, um zu erkennen, dass in

Zukunft eine Alters- und Krankenversorgung in ausreichendem Maße unmöglich sein wird.

Aber auch das Anhäufen von Vermögen ist keine Lösung mehr. In Zukunft werden wir uns entscheiden müssen, ob wir entweder Staaten oder Banken pleitegehen lassen wollen. Wir haben nur die Wahl zwischen Pest oder Cholera. In beiden Fällen ist sich jeder darüber bewusst, was mit Sparguthaben oder dem Wert von Immobilienbesitz passieren wird.

Zu allem Unglück werden noch gewaltigere Kosten als bisher durch Wetterextreme auf uns zukommen. Wird flächendeckend privates Hab und Gut durch Dauerregen, Hagelschlag, Überschwemmungen, Orkane, etc. vernichtet, wird es keine ausreichenden staatlichen Entschädigungszahlungen mehr geben können. Dafür werden die benötigten Geldmengen zu gewaltig sein.

Lange Rede, kurzer Sinn: Es nicht mehr möglich, nach dem Staat zu rufen, wenn wir in Zukunft Unterstützung benötigen. Die öffentliche Hand als Sicherungsfunktion für ihre Bevölkerung ist hoffnungslos überfordert. Es wird in Zukunft wohl in unseren Händen liegen, ob wir uns selbst Sicherheit verschaffen können. Wenn es dann darauf ankommt, wird es entscheidend sein, wie viel Bekannte und Freunde wir haben, die bereit sind, uns unter die Arme zu greifen.

Im Prinzip haben wir den Wegfall der Großfamilie mit einem Zeitversatz von vielen Jahrzehnten nun nachträglich zu kompensieren. Es ist heute nachzuholen, was in den letzten Jahren versäumt wurde. An die Stelle Hunderter Familienangehöriger müssen nun neue, zahlreiche Verbündete treten.

> **Netzwerke sind der Ersatz der ausgestorbenen Großfamilie und des Wegfalls eines Schutz gebenden Staates.**

Da wir auch nicht mehr zig „Vetter" an den „richtigen Stellen" sitzen haben, muss auch im Berufsleben heute umgedacht werden.

Karrieresicherung

Das Arbeitsleben ist wechselhafter und schneller geworden. Die Ursache ist in der Hauptsache in den neuen, globalisierten Marktbedingungen zu suchen:

> **In nahezu allen Branchen herrscht heute**
> **Verdrängungswettbewerb.**

Fakt ist, insbesondere in Europa herrscht wahrscheinlich der intensivste Wettbewerb weltweit. Selbst nordamerikanische Geschäftsleute, die „freie Märkte" gewohnt sind, geben sich oft erstaunt über die Härte des hiesigen Konkurrenzkampfs. Fachleute berichten, dass noch zu viele Marktteilnehmer vorhanden sind. Es gibt zu viele Automobilhersteller, zu viele Banken, zu viele Verlage, zu viele Supermarktketten usw. Selbst die Anzahl von Restaurants, Friseursalons, Boutiquen etc., die sich im Kampf um Kunden gegenseitig zerfleischen, ist noch zu hoch.

Infolgedessen befinden wir uns in einer Phase der Marktbereinigung. Unternehmen liefern sich gegenseitig so lange eine Preisschlacht, bis die ersten Bankrott machen oder von der Konkurrenz übernommen werden. Einige Firmen werden sich durchsetzen und wachsen, während andere vom Markt verschwinden. Die einen fusionieren, andere rationalisieren. Unternehmen werden verkauft oder gekauft. Alles in allem ist eine hohe Veränderungsdynamik das Resultat. Dies hat natürlich direkte Auswirkungen auf jeden Arbeitsplatz.

> **Das Berufsleben ist so unsicher wie nie zuvor.**

Kürzere Anstellungszeiträume sind zur Normalität geworden. Zudem muss jeder Angestellte damit rechnen, dass sein Arbeitgeber früher oder später zahlungsunfähig wird, fusioniert oder an die Konkurrenz verkauft wird. Aber auch dann, wenn sich das eigene Unternehmen im Markt halten kann, wird man irgendwann von Rationalisierungsmaßnahmen betroffen sein. Ganz zu schweigen davon, dass zeitlich befristete Arbeitsverträge in vielen Branchen üblich geworden sind.

Mal angenommen, Sie würden derzeit hart arbeiten. Sie erbringen Spitzenleistungen, bilden sich regelmäßig fort und erledigen Ihren Job vorbildlich. Alles läuft super, Ihr Chef profitiert von Ihnen und ist fest entschlossen, Sie zu fördern. Ihre Perspektiven sind hervorragend, Sie sind motiviert und geben logischerweise noch mehr Gas.

Und dann wird irgendwo in der Welt eine strategische Entscheidung getroffen, die zufällig Ihren Job betrifft. Ihr Arbeitsplatz würde infolgedessen ersatzlos gestrichen. Was hat Ihnen dann Ihr vorbildlicher Arbeitseinsatz gebracht? Ihre Karrierepläne würden von heute auf morgen wie ein Kartenhaus zusammenfallen (und die von Ihrem Chef wahrscheinlich auch):

> **Die Jobsicherheit ist heute weniger von der Arbeitsleistung, sondern vielmehr von Marktbedingungen abhängig.**

Für Ihre Eltern oder Großeltern hat sich außergewöhnliche Einsatzbereitschaft durchaus gelohnt. Ein traumhafter Aufstieg war vorprogrammiert und zwar in derselben Firma – ohne Jobwechsel. Sie hingegen müssen damit rechnen, dass Sie trotz Spitzenleistung arbeitslos werden. Sie müssten sich dann wieder bewerben. In regelmäßigen Abständen käme das gleiche Spiel auf Sie zu. Sie würden sich wie in einem Hamsterrad abstrampeln. Sie befänden sich faktisch in einer permanenten Bewerbungsphase. Der ganze Aufwand, wie passende Arbeitgeber recherchieren, Kurzanfragen stellen, Bewerbungsunterlagen versenden und Entscheidungsträger in Vorstellungsgesprächen zu überzeugen, würde sich wahrscheinlich alle paar Jahre wiederholen.

Aber auch dann, wenn man sich nicht jedes Jahr aufs Neue bewerben müsste, kann eine unsichere Arbeitssituation sehr negative Auswirkung auf das berufliche Fortkommen haben. Schweben Kündigungs- oder Karrieresorgen wie ein Damoklesschwert über dem Arbeitsalltag, werden unterschwellige Ängste an Ihnen nagen. Vielleicht sogar Tag und Nacht. Irgendwann wird man unsicherer. Die Gefahr von Fehlern erhöht sich. Nicht hinnehmbare Arbeitsbedingungen oder sogar völlig unrealistische Zielvorgaben werden mehr oder weniger geschluckt. Die eigene Ausstrahlung verschlechtert sich zunehmend. Man steht nicht mehr wie der Fels in der Brandung, sondern ist so stabil wie ein Wackelpudding. Man verliert seine erfolgreiche Ausstrahlung und das Gegenteil von dem, was man im Vorfeld bewirken wollte, tritt ein – die Karriere verläuft im Sande. Im schlechtesten Fall ruiniert man sogar seine seelische Gesundheit.

Sorgen um den Job sind kontraproduktiv für die Karriere.

Es versteht sich von selbst, dass Leistungsbereitschaft und Spitzenergebnisse noch immer eine gute Basis für Traumkarrieren bilden. Sie sind aber heute nicht mehr der alles entscheidende Faktor für Ihren Aufstieg. Viel entscheidender ist, wie sicher Sie sich fühlen. Sie haben sich davon unabhängig zu machen, was passieren könnte. Nur unter diesen Rahmenbedingungen werden Sie in der Lage sein, Erfolg und Leben unter einen Hut zu bringen. Das heißt, es muss Ihnen sozusagen egal sein, ob Ihre Firma Sie kündigen, Rationalisierungsmaßnahmen durchführen oder vom Markt gänzlich verschwinden könnte. Sie dürfen existenziell unter keinen Umständen davon abhängig sein, ob Ihr Arbeitgeber sein Geschäft beherrscht oder nicht.

Die Gewissheit, zur Not einfach und jederzeit berufliche Alternativen generieren zu können, schafft Selbstsicherheit.

Sie können gegen den Trend, dass Karriereverläufe nicht mehr planbar sind, nichts tun. Sie können sich aber in Ihr Berufsleben einen doppelten Boden einziehen. Damit wären Sie immer auf der sicheren Seite. Dies können Sie mit sozialen und beruflichen Netzwerken bewerkstelligen. Ganz zu schweigen davon, dass gute Beziehungen grundsätzlich karrierefördernd sind. Das bedeutet, zu arbeiten, ohne

Dieter L. Schmich

auf eine hohe gesellschaftliche Integration zu achten, wäre heute ein mehr als leichtsinniges Unterfangen. Welcher Fähigkeit dabei eine maßgebliche Bedeutung zukommt, wissen Sie bereits.

> **Nicht mehr die Leistungsfähigkeit des Einzelnen, sondern seine Soziabilität ist der alles entscheidende Karrierefaktor.**

Im Prinzip sind Sie Verkäufer für Arbeitskraft. Ihre Kunden, die jeweiligen Unternehmen, bezahlen Sie, indem Sie Ihnen einen Kaufpreis überweisen – Ihr Gehalt. Wie jeder Verkäufer sollten auch Sie eine Kundendatenbank nutzen, um jederzeit Umsätze (Gehalt) erzielen zu können. Das heißt, der moderne Angestellte agiert in gleicher Weise wie ein Verkäufer. Sie sollten sich nicht auf einen einzigen ‚Kunden' verlassen. Vielmehr können Sie sich ein berufliches Beziehungsgeflecht mit vielen anderen potenziellen Arbeitgebern aufbauen. Fällt einer aus, nutzen Sie einfach den nächsten, um Ihre beruflichen Ziele zu erreichen! Sie starten keine umständliche Bewerbungsphase, sondern nehmen entspannt mit Ihrem Netzwerk Kontakt auf. Dort werden Sie bekannt sein und Ihren Fall in Ruhe besprechen. Vielleicht sind noch ein paar weitere Gespräche notwendig, aber schnell haben Sie Ihren neuen Job in der Tasche.

> **Falls Sie mit Ihrer Branche gut vernetzt sind, sind die Zeiten klassischer Bewerbungsbemühungen endgültig vorbei.**

Networker suchen sich keinen neuen Job über Stellenanzeigen im Internet oder in Zeitungen. Sie pflastern auch keine Arbeitgeber mit Initiativbewerbungen zu. Gut vernetzte Berufstätige haben schon neue Perspektiven in der Tasche, während sich andere noch wundern, warum in Online-Jobbörsen keine echten Karrierechancen mehr zu finden sind.

Am Rande soll noch erwähnt sein, dass Netzwerke natürlich auch am derzeitigen Arbeitsplatz Sinn machen. Haben Sie sich an den richtigen Stellen Ihrer Firma persönliche Kontakte aufgebaut, sind Sie stets ausreichend informiert. Sie erfahren nicht nur früher von drohenden Kündigungswellen, sondern auch von internen Aufstiegschancen. Was hinter verschlossenen Türen vor sich geht, wird für Sie kein Geheimnis mehr sein.

Neben dem Karriereaspekt entsteht aufgrund Networking im Übrigen auch ein schöner Nebeneffekt. Sie erhöhen grundsätzlich Ihre Machtposition gegenüber Ihrem gegenwärtigen Arbeitgeber. In der Gewissheit gut vernetzt zu sein, können Sie nämlich unbesorgt Testballons steigen lassen. Falls Sie die Verbesserung von Arbeitsbedingungen, mehr Gehalt oder einen internen Aufstieg fordern, haben Sie nichts mehr zu verlieren. Folgt Ihr derzeitiger Arbeitgeber Ihren Forderungen, hat sich Ihre Situation verbessert. Wenn nicht, werden Sie abends wohl ein paar Telefonate führen müssen.

1.3 Entwicklungsphasen

Die Vorteile, die das Networking mit sich bringt, sind sicher einleuchtend. Allerdings wird Ihnen ebenso klar sein, dass vieles nicht von heute auf morgen umsetzbar ist. Ähnlich wie sich das Kennenlernen zweier Personen entwickelt, wird es sich auch bei Ihrem Netzwerkaufbau im Ganzen verhalten.

Es gibt verschiedene Entwicklungsstufen, die Sie zu durchlaufen haben. In der ersten Phase sind wahrscheinlich viele neue Menschen anzusprechen. Dabei liegt es in der Natur der Sache, dass nicht aus allen Erstkontakten etwas entstehen kann. Sie können im Vorfeld nicht hellseherisch erkennen, mit welchen Personen die weitere Kommunikation sinnvoll ist oder nicht. Dies zu bewerten ist frühestens dann möglich, nachdem man sich das erste Mal ausreichend unterhalten hat. Manchmal sogar erst zu einem viel späteren Zeitpunkt. In der ersten Phase werden Sie also eine Menge neuer Kontakte machen, ohne genau zu wissen, was sich später daraus ergeben wird.

In dieser Startphase geht es eher um Ihren Spaß an Neuem. Sie haben grundsätzlich Interesse an unbekannten Menschen zu zeigen.

> **In der ersten Phase gehen Sie neugierig auf andere zu.**

Sie werden einige Kontakte auf Anhieb mögen, bei anderen wissen Sie nicht so recht. Manche lernen Sie relativ schnell kennen, andere brauchen ihre Zeit. Einige Leute stellen sich schnell als positive Bereicherung für Ihr Leben dar, andere langweilen Sie zu Tode. Es wird Menschen geben, von denen Sie sofort profitieren und welche, die zunächst von Ihnen Hilfe benötigen. Sie werden positive Überraschungen erleben und spannende Geschichten hören. Alles in allem werden Sie es mit der kompletten Bandbreite des menschlichen Naturells zu tun bekommen.

Je höher die Anzahl der Menschen ist, die Sie anfangs kontaktieren, umso höher ist verständlicherweise die Wahrscheinlichkeit, dass sich darunter Personen befinden, die sich im Weiteren als besonders wertvoll erweisen.

Nachdem Sie die ersten Kontakte gemacht haben, sollten Sie diese ein wenig pflegen. Aus Ihren ersten Bekanntschaften hat sich schließlich ein nachhaltiges Beziehungsgeflecht zu entwickeln. Sie haben nun im zweiten Schritt in der Hauptsache Vertrauen aufzubauen. Ein weiteres gegenseitiges Kennenlernen ist vonnöten. Sie haben zu säen, bevor Sie ernten können.

> **In der zweiten Phase haben Sie sich zu kümmern.**

Nachdem Sie Ihr Netzwerk ausreichend gepflegt haben, schließt sich die alles entscheidende Phase an. Die Königsklasse des Networkings. Ziel dieser finalen Entwicklungsstufe ist, dass nicht mehr Sie es sind, der sich bemüht, sondern andere sich um Sie bemühen.

> **In der dritten Phase ernten Sie, was Sie gesät haben.**

Nachdem Sie diese letzte Phase des Networkings gemeistert haben, wird es steil bergauf gehen. Das vorangegangene Engagement macht sich jetzt bezahlt: Sie erhalten Insiderinformationen, konkrete Hilfestellungen oder sonstige Unterstützung, die Ihr Leben lebenswerter macht. Sie haben sich ein Beziehungsgeflecht von Verbündeten aufgebaut.

In der Summe lässt sich der gesamte Netzwerkaufbau also in drei Phasen unterteilen:

1. **Startphase**

2. **Pflegephase**

3. **Erntephase**

In der praktischen Umsetzung lassen sich die einzelnen Schritte Ihrer Aktivitäten nicht exakt voneinander trennen. Dennoch werde ich alle drei Phasen des Netzwerkaufbaus unabhängig voneinander behandeln. Jeder Entwicklungsstufe Ihres Netzwerks werde ich ein separates Kapitel widmen. Dadurch werden Ihnen die kausalen Zusammenhänge innerhalb der einzelnen Phasen besser einleuchten.

Bevor Sie jedoch zur Tat schreiten können, sind noch ein paar Vorbereitungen notwendig. Sie haben sich zunächst ein administratives System aufzubauen, damit Sie später den Überblick nicht verlieren.

1.4 Administration

Es sind Vorkehrungen zu treffen, bevor Sie starten können. Aus Ihrer Netzwerkarbeit kann eine gewaltige Datenmenge entstehen. Sie werden viele Gespräche führen, E-Mails schreiben und Visitenkarten sammeln. Darüber hinaus haben Sie sich Firmenbezeichnungen, Adressen, Namen von Ansprechpartnern, Telefonnummern, E-Mail-Adressen, Abteilungsnamen und vieles andere zu merken. Ganz zu schweigen von den zahlreichen Geburtstagen oder sonstigen wichtigen Terminen, die Sie nicht verpassen sollten.

Sie haben sich ein System aufzubauen, damit Sie den Überblick wahren können. Sie kennen bereits diese Problematik. Ihnen ist das Sprichwort: „Aus den Augen, aus dem Sinn" sicher geläufig. Manchmal geraten sogar lieb gewonnene Menschen in der Hektik des Alltags in Vergessenheit. Selbst das Verhältnis zu guten Freunden leidet oft darunter. Und jetzt stellen Sie sich vor, Ihr Netzwerk wächst um ein Vielfaches an. Wertvolle Kontakte würden Sie schnell vernachlässigen. Es bestünde die Gefahr, dass mühevoll aufgebaute Beziehungen wieder verschwinden. Um das zu verhindern, müssen Sie strukturiert vorgehen. Von Anfang an sollten Sie sich an die Dokumentationsarbeit gewöhnen. Das Networking lebt davon, dass Sie ein bestimmtes Informations- und Zeitsystem konsequent verfolgen:

> **Das Führen einer professionellen Datenbank ist die grundlegende Voraussetzung für den Netzwerkaufbau.**

Ihre Aufzeichnungen werden das Herzstück Ihrer Netzwerkarbeit sein. Um diese Datensammlung wird sich später alles drehen.

> **Ihre Dokumentationen werden vielleicht der wertvollste Schatz sein, den Sie je besessen haben.**

Das nostalgische Büchlein mit den wichtigen Adressen kennt jeder. Vielleicht führen Sie ja noch solch ein Adressbuch, in das Sie handschriftlich wichtige Kontaktdaten eintragen. Vielleicht besitzen Sie auch noch ein Etui mit unzähligen Visitenkarten wichtiger Geschäftskontakte. Obwohl diese Datensammlungen natürlich auch ein kleines System darstellen, ist es für Ihr Vorhaben nicht mehr ausreichend.

Sie können Ihre Adressdaten online direkt im Internet, auf Ihrem PC zu Hause oder auf Tablets und Smartphones verwalten. Einige sind vor dem Hintergrund der Datensicherheit sogar wieder zum guten alten Papier zurückgekehrt.

Wie Sie sich persönlich organisieren möchten, bleibt natürlich Ihnen überlassen. Grundsätzlich können Sie für Ihre neu aufzubauende Datenbank folgende Instrumente nutzen:

- **MS Outlook**

- **MS Excel-Tabellen**

- **Smartphone-Adressbücher**

- **Adressbücher innerhalb E-Mail-Konten oder Online-Communities**

- **Aktenordner und Papier-Zeitsysteme**

- **Individuell gestaltete Ordnerstrukturen am PC**

Ich rate Ihnen, etwas genauer zu überlegen, mit was Sie Ihre Adresssammlung aufbauen möchten. Hat Ihre Datensammlung erst einmal eine bestimmte Größenordnung erreicht, wird es zunehmend schwieriger in ein anderes System zu wechseln. Wenn Sie eine fertige Software für Ihre Datenbank nutzen, müssen Sie abschätzen, ob dieses Programm auch noch in Jahren funktioniert bzw. kompatibel mit Ihrem Betriebssystem ist. Grundsätzlich rate ich, keine Experimente zu machen: Setzen Sie am besten auf Standardsoftware. Dies garantiert, dass diese Programme auch noch in Zukunft nutzbar sind.

Zusätzlich müssen Sie abwägen, wie und wo Sie künftig Kontakte Ihres Netzwerks abrufen möchten. Sind Sie viel unterwegs? In diesem Fall bieten sich beispielsweise Cloudcomputing, Webspace oder die Adressbücher von Online-Netzwerken besonders gut an.

Erinnern Sie sich immer wieder daran, dass Ihre Kontakte für Ihre private und berufliche Zukunft wohl entscheidend sein werden. Gehen Sie nicht leichtfertig mit Ihren Aufzeichnungen um. Manchmal sind Daten online im Internet besser aufgehoben, als auf Ihrem PC zu Hause.

Summa summarum möchte ich mich zurückhalten, konkrete Empfehlungen auszusprechen. Mit welcher Software bzw. Hardware Sie Ihre Daten organisieren sollen, hängt zu spezifisch von Ihrer persönlichen Situation und besonderen Vorlieben ab. Was das Beste ist, bleibt also Geschmackssache.

Im Allgemeinen sollten Sie auf jeden Fall darauf achten, dass Ihr professionelles Adressbuch folgende Eingabemöglichkeiten bietet:

- **Name, Vorname**

- **Firma, Branche, Position**

- **Kontaktkategorie**

- **Straße, PLZ Ort (geschäftlich und privat)**

- **Geburtsdatum**

- **Telefon, Mobil, Fax (geschäftlich)**

- **Telefon, Mobil, Fax (privat)**

- **Eventuell Instant Messaging (z.B. Skype oder MSN)**

- **E-Mail-Adresse (geschäftlich und privat)**

- **Internetseite**

- **Kommunikationsverlauf**

- **Ziele, Wünsche und Interessen**

Darüber hinaus muss Ihr System gewährleisten, dass Sie automatisch an wichtige Termine erinnert werden. Falls Sie mit einer fertigen Software am PC arbeiten möchten, muss eine Erinnerungsfunktion im Paket enthalten sein (wie z.B. bei MS Outlook). Alternativ können Sie sich am PC einen Wiedervorlage-Ordner anlegen, den Sie dann regelmäßig sichten. Selbstverständlich können Sie auch die klassische Wiedervorlage-Mappe einsetzen. Diese ist im Handel noch immer gut erhältlich.

Ich stelle Ihnen jetzt die prinzipielle Struktur eines einzelnen Datensatzes vor. Ob Sie diesen in MS Office, als Excel-Datei, im Word-Format, im Kontaktbereich von Online-Netzwerken, auf Ihrem Smartphone, auf Papier o.Ä. erstellen, bleibt, wie gesagt, Ihnen überlassen.

Netzwerkidee

Stammdaten	
Name:	Sabine Mustermann
Firma:	XYZ Verlagsgesellschaft mbH & Co. KG
Branche:	Verlagswesen, diverse Fachzeitschriften (print und online)
Position:	Stellvertretende Geschäftsführerin, Chefredaktion
Ziele/Interessen:	Verlagsleiterin, Indien-Reisen, Berufseinstieg Sohn (Politik/Germanistik)
Geburtsdatum:	TT.MM.JJJJ
Sonstiges:	Nur Mo-/Fr-Vormittag im Verlag, ansonsten Homeoffice, sind per Du
Kategorie:	Bekannte
Wiedervorlage:	MM/JJJJ: Freie Stelle „Redakteurin" nachhaken

Kontaktdaten		
	Privat:	Geschäftlich:
Telefon:	-	0 12 34 - 5 67 89 01
Mobil:	0 12 34 - 5 67 89 01	-
Fax:	-	-
E-Mail:	mustermann@mail.de	mustermann@verlag.de
Straße, PLZ Ort:	Musterstr. 100, 12345 Musterort	Musterweg 1, 67890 Beispielstadt

Notizen:

TT.MM.JJJJ: Weihnachtswünsche erhalten, Info: Redakteurin geht MM/JJJJ in Erziehungsurlaub

TT.MM.JJJJ: E-Mail, ob mal wieder Kaffee, Rückmeldung: möchte neuen Job, gerade schlecht

TT.MM.JJJJ: Telefonat: Verlag wäre pleite, sie möchte wechseln

TT.MM.JJJJ: Minijob als Redakteurin, danach TZ-Stelle (halbes Jahr)

TT.MM.JJJJ: Im Verlag besucht, erster Freelancer-Auftrag

TT.MM.JJJJ: Einladung zum Yoga-Schnupperkurs

TT.MM.JJJJ: E-Mail, dass das Gespräch auf Messe sehr informativ war

TT.MM.JJJJ: Visitenkarte auf der Asien-Messe erhalten, Yoga-Studio XY

Zugegeben, der anfängliche Aufbau einer professionellen Datenbank macht Mühe. Ich kann Sie jedoch beruhigen. Steht erst einmal Ihre Datenstruktur und haben Sie sich zudem ein wenig Routine angeeignet, geht alles schneller. Alles Weitere, wie neue Kontakte hinzufügen oder Kommunikationsverläufe einzupflegen, macht dann eher Spaß als Mühe.

Haben Sie sich schließlich für eine bestimmte Administration Ihrer Daten entschieden, ist das Ganze mit Leben zu füllen. Ihre ersten Kontakte sind einzutragen. Der Startschuss für Ihr neues Netzwerk kann jetzt endlich fallen.

2 Startphase

Ich muss sicher nicht betonen, dass Menschen nicht Mittel zum Zweck sind. Falls Sie nur schnelle Vorteile abzocken möchten, wäre dies die denkbar schlechteste Einstellung, um sich mit Networking zu befassen. Vielmehr sollten Sie Ihren Spaß daran finden, grundsätzlich neue Personen kennenzulernen. Zudem wäre es ausgesprochen hilfreich, wenn Sie zusätzlich ein wenig Abenteuerlust verspüren würden.

> **Neue Menschen kennenzulernen, kann durchaus viel Abwechslung und Bereicherung für Ihr Leben bedeuten.**

Unabhängig davon, warum und in welchen Bereichen Sie Verbündete suchen, Sie sollten erst einmal ein wenig Neugierde verspüren. Welche Personen könnten für Sie infrage kommen? Dabei sind zwei grundsätzliche Vorgehensweisen möglich:

- **Sie suchen nach interessanten Firmen und finden heraus, wer die zuständigen Personen sind.**
- **Sie suchen nach interessanten Personen und finden heraus, zu welchen Firmen diese Kontakte haben.**

Es geht in der „Startphase" folglich immer um zwei grundsätzliche Arten von Informationen:

- **Firmendaten**
- **Personendaten**

Sie spielen demnach ein wenig Detektiv. Sie sammeln sozusagen erst einmal Firmen- und Personeninformationen. Dabei beschäftigen Sie sich in erster Linie damit, Datensätze zu erstellen bzw. diese zu komplementieren. Die „Startphase" kommt eher einer Fleißaufgabe gleich. Erst in der sich anschließenden „Pflegephase" kann man davon sprechen, sich mit der eigentlichen Netzwerkarbeit zu beschäftigen.

In letzter Konsequenz gibt es nur zwei Möglichkeiten, Ihre Fleißarbeit zu erledigen:

- **Aktivierung bestehender Kontakte.**

- **Kennenlernen neuer Kontakte.**

Auf das vorhandene soziale bzw. berufliche Umfeld aufzubauen, ist meist der schnellere Weg um voranzukommen. Sie sollten zunächst überprüfen, ob Sie auch ohne neue Kontakte schon über ein erstes kleines Netzwerk verfügen könnten.

2.1 Status quo bestimmen

In der Regel müssen Sie nicht bei null beginnen. Die meisten Netzwerkeinsteiger verfügen bereits über viele interessante Kontakte. Sie sind sich dieser Tatsache nur nicht bewusst.

Bestimmen Sie also den Stand der Dinge. Im Übrigen kann es durchaus Spaß machen, sich mit dem eigenen Status quo zu beschäftigen. Insbesondere für diejenigen, die in ihrem Leben einen Aufbruch oder sogar einen Umbruch planen, kann die Beschäftigung mit vergangenen und aktuellen Begegnungen sehr spannend sein.

Mit Ihrer Bestandsaufnahme schlagen Sie zwei Fliegen mit einer Klappe. Erstens erkennen Sie, dass Sie wahrscheinlich über mehr Kontakte verfügen, als Sie vermuten. Zweitens beschäftigen Sie sich mit der Administration und werden sich klar darüber, welches Datensystem für Sie am geeignetsten ist. Schließlich legen Sie Ihre ersten Personen- und Firmendatensätze an.

Falls Sie den Inhalt des Buchs „In vier Wochen zum besseren

Job" vollständig in die Tat umgesetzt haben, können Sie im Übrigen dieses Kapitel getrost überfliegen. Sie besitzen bereits eine berufliche Datenbank. Die ersten Personen- und Firmeninformationen haben Sie bereits dokumentiert:

> **Haben Sie sich in der Vergangenheit zeitgemäß beworben, liegen die ersten Netzwerkschritte bereits hinter Ihnen.**

Für alle Leserinnen und Leser, die diesen zweiten Teil der Karriere-Trilogie nicht gelesen haben, erläutere ich nun kurz, wie auch diese ihren Status quo bestimmen können.

Im Prinzip setzt sich Ihr Umfeld immer aus zwei Hauptbestandteilen zusammen:

1. Soziales Umfeld

2. Berufliches Umfeld

Bestimmen wir erst einmal den Grad Ihrer sozialen Vernetzung.

2.1.1 Soziales Umfeld

Obwohl die meisten sozialen Kontakte nicht direkt für berufliche Ziele dienlich sind, so können diese zumindest indirekt eine bedeutende Rolle spielen. Sie sind als Multiplikationsfaktor für Sie unverzichtbar („Kleine-Welt-Phänomen").

> **Jeder könnte jemand kennen, der jemand kennt, der jemand kennt, der wiederum jemand kennt ...**

Aller Wahrscheinlichkeit nach, kommen Sie mit mehr Menschen in Berührung, als Sie derzeit denken. Über alledem stehen die vielen Begegnungen in der Vergangenheit. Oft hat man sich ohne besonderen Grund aus den Augen verloren. Solche Kontakte sollten Sie sich wieder ins Gedächtnis rufen.

Dazu können Sie sich zunächst eine Stoffsammlung erstellen. Sie erarbeiten sich eine simple Liste von Namen. Sie stellen sich dabei nur eine einzige Frage:

Wen kenne ich alles?

Ich empfehle Ihnen, grundsätzlich unvoreingenommen an die Sache zu gehen. Sie brauchen an dieser Stelle noch nicht bewerten, ob Sie gefundene Personen später als neuen Datensatz in Ihre Adressensammlung aufnehmen möchten oder nicht. Ebenso ist es noch nicht notwendig, sich Gedanken zu machen, in welchem Verhältnis Sie zu den betreffenden Menschen stehen. Sie gehen einfach nach „Schema F" vor. Sie notieren sich alle Namen, die Ihnen so einfallen.

Falls Sie schon jetzt ein ganz konkretes Netzwerkziel im Hinterkopf haben, dürfen Sie demnach nicht zu fokussiert vorgehen: Hüten Sie sich davor, Menschen zu schnell zu bewerten. Sie wissen nie genau, wohin Sie sich selbst oder wohin andere sich entwickeln. In ein paar Jahren haben Sie vielleicht völlig andere Vorstellungen oder alte Bekannte haben sich entsprechend verändert. Zudem werden Sie im Vorfeld nie abschätzen können, wer wen noch kennt. Es rentiert sich also, offen und neugierig das Ganze anzugehen.

Es geht los: Auf den kommenden Seiten folgen nun Assoziationslisten. Sie sollen Ihnen als Inspirationshilfe dienen. So fallen Ihnen mehr Personen ein. Machen Sie es sich nun gemütlich und nehmen Sie sich ausreichend Zeit.

Da Sie neben Personen- auch nach Firmendaten Ausschau halten sollen, sehen Sie in der rechten Tabellenhälfte auch eine „Arbeitgeberspalte". Darin können Sie die Antworten folgender Zusatzfragen notieren:

- **Bei welchem Unternehmen ist die Person derzeit beschäftigt?**
- **Welche Arbeitgeber gab es früher?**
- **Wo arbeiten gegebenenfalls die Eltern bzw. Kinder?**

Stoffsammlung	
Namen	Kontakt zu welchen Arbeitgebern?

	Namen	Kontakt zu welchen Arbeitgebern?
Mit wem verbringe ich meine Freizeit? Sportkameraden? Vereinskollegen? Gleichgesinnte im Rahmen meiner Hobbys und Interessen?		
Kontakte in sonstigen Gruppen, in denen ich aktiv bin oder war?		
Mit wem gehe ich abends aus? Mit wem bin ich in der Vergangenheit ausgegangen?		
Frühere Freunde?		
Frühere Schulkameraden?		

Dieter L. Schmich

Stoffsammlung	
Namen	Kontakt zu welchen Arbeitgebern?
Spielkameraden in der Kindheit?	
Mit wem habe ich sonst meine Freizeit verbracht?	
Mit wem war ich schon in Urlaub? **Wen habe ich dort kennengelernt?**	
Umfeld des Lebenspartners?	
Frühere Partnerschaften? **Deren Umfeld?**	

Stoffsammlung	
Namen	Kontakt zu welchen Arbeitgebern?
Wer steht in meinem aktuellen Adress- oder Telefonbuch?		
Wer sind meine Hausnachbarn? **Welche hatte ich früher?**		
Wer wohnt in meiner Straße, den ich namentlich kenne?		
Kursteilnehmer oder Dozenten bei privaten Fort- und Weiterbildungen?		
Bisherige Lehrer?		

Dieter L. Schmich

Stoffsammlung	
Namen	Kontakt zu welchen Arbeitgebern?
Personen bei Ämtern, Behörden oder sonstigen Institutionen?	
Onkel und Tante? Cousin und Cousine? Weitere Verwandte?	
Sonstige private Kontakte?	

Es gibt noch eine weitere Technik, um sich an alte und aktuelle Bekannte zu erinnern. Nehmen Sie Ihr Fotoalbum zur Hand (falls Sie so
etwas noch besitzen sollten) oder klicken Sie Ihre Bilddateien am PC
durch. Selbstverständlich können Sie sich auch die Fotos aller
„Freunde/Kontakte" Ihrer Online-Netzwerke anschauen (falls Sie
irgendwo Mitglied sind). Wen sehen Sie dort und wer arbeitet wo?

Stoffsammlung	
Namen	Kontakt zu welchen Arbeitgebern?

Welche Personen sind in meinem Fotoalbum?

Welche Personen sind in meinen Bilddateien zu sehen?

Welche Personen sind in meiner Social-Community zu sehen? (Facebook, Xing, LinkedIn, etc.)

Sicher haben Sie sich an viele Bekannte wieder erinnert. Es geht aber gleich weiter. Jetzt geht es um Ihr berufliches Umfeld.

2.1.2   Berufliches Umfeld

Ich unterteile Ihr berufliches Umfeld in folgende Untergruppen:

1. **Aktuelles berufliches Umfeld**

2. **Ehemaliges berufliches Umfeld**

3. **Kunden, Zulieferer und Konkurrenzfirmen**

Aktuelles Umfeld

Mit welchen Menschen haben Sie aktuell an Ihrem Arbeitsplatz Kontakt? Notieren Sie alle Namen, die Ihnen spontan einfallen. Natürlich haben Kollegen und Entscheidungsträger früher einmal auch woanders gearbeitet. Um diese ehemaligen Arbeitgeber (sofern bekannt) eintragen zu können, steht Ihnen wieder eine zusätzliche Spalte zur Verfügung:

Stoffsammlung		
	Namen	Frühere Arbeitgeber?
Direkte Arbeitskollegen?		
Direkte Vorgesetzte?		

Stoffsammlung		
	Namen	Frühere Arbeitgeber?
Weitere Entscheidungs- träger?		
Weitere Mitarbeiter in der Firma?		
Teilnehmer und Dozenten bei internen Fortbildungen?		

Gehen wir nun weiter zur zweiten Gruppe Ihres beruflichen Umfelds.

Ehemaliges Umfeld

Früher haben Sie vielleicht für andere Firmen gearbeitet. Aber auch während Ihrer Ausbildungs- bzw. Studienzeit werden Sie mit vielen Personen in Berührung gekommen sein.

Mit Menschen, denen Sie früher tagtäglich begegnet sind, werden Sie in einem anderen Vertrauensverhältnis stehen, als bei nagelneuen Kontakten. Machen Sie sich doch einfach mal Gedanken, mit wem Sie alles in Ihrer beruflichen Vergangenheit zu tun hatten. Natürlich zählen dazu auch Begegnungen im Rahmen von Bewerbungsaktivitäten vergangener Jahre.

Dieter L. Schmich

Stoffsammlung	
Namen	Derzeitiger Arbeitgeber?

Frühere Arbeitskollegen?

Frühere Vorgesetzte?

Frühere Untergebene?

Kollegen und Vorgesetzte bei Neben- oder Zweitjobs?

Kontakte im Rahmen früherer Bewerbungs- aktivitäten?

Vorstellungsgespräche in der Vergangenheit?

Es gibt eine dritte Gruppe von Menschen, die zu Ihrem beruflichen Umfeld zählt. Sicher kommen Sie auch mit Personen anderer Unternehmen in Kontakt, wenn Sie tagtäglich Ihren Job machen.

Kunden, Zulieferer und Konkurrenzfirmen

Aktuelle Kunden- und Lieferantenkontakte können für Ihre weitere Karriere eine alles entscheidende Rolle spielen: Abwerbeversuche sind nicht ungewöhnlich. Insbesondere vor dem Hintergrund des Fachkräftemangels wird diese Art der Personalbeschaffung in Zukunft wahrscheinlich dramatisch an Bedeutung gewinnen.

Widmen Sie sich wieder der Assoziationstabelle. Welche Personen fallen Ihnen spontan ein?

	Stoffsammlung	
	Namen	Arbeitgeber?
Mitarbeiter der Konkurrenz?		
Mitarbeiter von Zulieferern?		
Mitarbeiter bei Kunden?		

Dieter L. Schmich

| Stoffsammlung | |
Namen	Arbeitgeber?

Mitarbeiter sonstiger externer Firmen?

Dies war nun der letzte Teil Ihrer Status quo-Bestimmung. Der erste Schritt in der „Startphase" ist getan. Falls Sie genug Zeit investiert und alle bis zu dieser Stelle aufgeführten Tabellen ausgefüllt haben, werden Sie sicher erstaunt sein, wie viel Eintragungen Sie machen konnten.

Ihre Stoffsammlung wird jetzt noch recht heterogen sein. Bei vielen werden Sie komplette Datensätze erstellen können, bei anderen werden Ihnen nur ein Nachname oder eine Firmenbezeichnung bekannt sein. Aber keine Sorge, im Laufe Ihrer weiteren Netzwerkarbeit werden sich Ihre Daten vervollständigen.

Obwohl Sie noch nicht über eine erste Statusbestimmung hinausgekommen sind, dürfen Sie sich dennoch an eine kleine Hochrechnung wagen: Erfahrungsgemäß können die meisten, die die gezeigten Tabellen bearbeiten, ca. 300 Personen- oder Firmennamen notieren. Ich setze nun voraus, dass dies bei Ihnen ebenso der Fall ist. Zudem nehme ich an, dass auf dieses Fundament von Kontakten Ihr erstes Netzwerk aufgebaut werden könnte.

Ich erinnere an das „Kleine-Welt-Phänomen". In der ersten Netzwerkebene ständen Ihnen also ca. 300 Kontakte zur Verfügung.

Bräuchten Sie nun bestimmte Informationen, könnten Sie dieser ersten Ebene eine Anfrage stellen. Würden diese Personen Ihre Botschaft an ihr eigenes Umfeld (2. Netzwerkebene) weiterleiten, ginge Ihre Nachricht auf Reisen.

Rechnen wir nun hoch: Ich gehe davon aus, dass Ihre Anfrage in der zweiten Ebene jeweils nur an vier Personen weitergeleitet wird. Danach dreimal, anschließend zweimal, usw. Nach der vierten Netzwerkebene würde Ihre Nachricht dann verebbt sein. In der Summe kämen Sie zu folgendem exponentiellen Netzwerkeffekt:

1. Ebene:	300 Personen direkt angesprochen:		300
2. Ebene:	300 Personen/je 4 x weitererzählt:	300 + 1.200 =	1.500
3. Ebene:	1.200 Personen/je 3 x weitererzählt:	1.500 + 3.600 =	5.100
4. Ebene:	3.600 Personen/je 2 x weitererzählt:	5.100 + 7.200 =	12.300

Sie können an diesem Beispiel sehr schön die beschriebene Potenzierung nachvollziehen. Nur 300 Kontakte ermöglichen, die beeindruckende Menge von 12.300 Menschen erreicht zu haben. Die Wahrscheinlichkeit, dass jemand dabei ist, der Sie unterstützt oder zumindest die erhoffte Information liefert, hat sich deutlich erhöht.

Wären in Ihrem fiktiven Netzwerk nur 50 Kontakte weniger gelistet, stellt sich die Rechnung folgendermaßen dar:

1. Ebene:	250 Personen direkt angesprochen:		250
2. Ebene:	250 Personen/je 4 x weitererzählt:	250 + 1.000 =	1.250
3. Ebene:	1.000 Personen/je 3 x weitererzählt:	1.250 + 3.000 =	4.250
4. Ebene:	3.000 Personen/je 2 x weitererzählt:	4.250 + 6.000 =	10.250

Nur 50 Kontakte weniger reichen aus, dass in der Endabrechnung 2.050 Menschen fehlen. Sie hätten sich von 2.050 potenziellen Informanten oder Helfern praktisch abgeschnitten.

Der Umkehrschluss gilt aber ebenso: Haben Sie nur wenige Kontakt mehr, potenziert sich die Anzahl erreichter Personen in einem beeindruckenden Maße. Jetzt leuchtet Ihnen das „Kleine-Welt-

Phänomen" sicher besser ein. Darüber hinaus können Sie jetzt erahnen, welche gewaltigen Auswirkungen es haben könnte, wenn Ihre Nachricht nicht nur wenige Male von Stufe zu Stufe weitergeleitet wird, sondern ein Vielfaches davon. Oder wenn Ihre Nachricht nicht schon nach der vierten Netzwerkebene verebbt, sondern erst nach der fünften. Ganz zu schweigen davon, wenn Sie statt 300 sogar 500 Kontakte in Ihrer Datensammlung führen würden.

Im Übrigen sind Sie nur anfänglich auf diese hochinteressanten mathematischen Gegebenheiten angewiesen. Je gepflegter Ihr Netzwerk ist und je interessanter Ihre Kontakte sind, umso weniger wird dieser Effekt für Sie elementar wichtig sein. Bei einem funktionierenden Netzwerk reicht nämlich schon die erste Ebene aus, um erheblich zu profitieren. Für den zeitlichen Verlauf Ihrer Netzwerkarbeit gilt daher folgende Regel:

- **Je länger Ihr Netzwerk besteht, umso weniger sind Sie auf das „Kleine-Welt-Phänomen" angewiesen.**

- **Je jünger Ihr Netzwerk ist, umso mehr müssen Sie auf das „Kleine-Welt-Phänomen" setzen.**

Dies ist ein sehr wichtiges Grundgesetz beim Networking! Es liegt in der Natur der Sache, dass Sie in der ersten Zeit über keine gepflegten und hochwertigen Kontakte verfügen können. Jetzt wissen Sie aber, wie einfach dieses Problem kompensierbar ist. Sie gleichen die niedrigere Qualität Ihrer Beziehungen mit mehr bestehenden und neuen Kontakten (dazu später mehr) aus. Darauf sollten Sie in Ihrer „Startphase" unbedingt Wert legen. Sie haben eine kritische Masse von Kontakten zu überwinden. Nur auf diese Weise erreichen Sie eine Größenordnung, in der Sie schon in relativ kurzer Zeit etwas sehr, sehr Interessantes entstehen lassen können.

Kommen wir zurück zu Ihrer Stoffsammlung. Der nächste Schritt steht an. Jetzt, nach getaner Fleißarbeit, können Sie schließlich Ihre notierten Firmen und Personen bewerten. Sie haben das Anlegen der einzelnen Datensätze vorzubereiten.

2.2 Kategorisierung

In naher Zukunft werden Sie die bereits erwähnte kritische Masse von Kontakten erreicht haben. Es besteht weiter die Gefahr, dass Sie dann den Wald vor lauter Bäumen nicht sehen. Sie werden wohl oder übel zusätzlich eine Hierarchie in Ihrem Netzwerk einführen müssen. Sie haben Schwerpunkte zu setzen. Es wird Ihnen später unmöglich sein, bei allen Kontakten gleichermaßen ein hohes Engagement zu zeigen.

Da infolgedessen die Bewertung Ihrer Kontakte früher oder später sowieso auf Sie zukommt, können Sie sich auch gleich zu Beginn eine professionelle Arbeitsweise angewöhnen. Auch wenn die Anzahl Ihrer Datensätze zunächst noch recht übersichtlich ist:

Strukturieren Sie Ihre Datenbank von Anfang an.

Dies realisieren Sie, indem Sie jedem Datensatz eine Kategorie zuweisen. Betrachten Sie jetzt Ihre ausgefüllte Stoffsammlung und stellen sich beispielsweise folgende Fragen:

- **Wer sind echte Vertraute?**
- **Welche Menschen sind gute Bekannte?**
- **Welche Personen stellen lediglich lose Kontakte dar?**
- **Wen muss ich kennenlernen, weil ich nur den Namen habe?**
- **Wen muss ich noch recherchieren, weil mir nur die Firma vorliegt?**

Es werden aber auch einige Erinnerungen hochkommen. Insbesondere, wenn Ihnen wieder alte Arbeitskollegen, Kommilitonen oder Freunde eingefallen sind.

Nutzen Sie die Chance, sich mal wieder zu melden.

Vielleicht ist die eine oder andere Person dabei, bei der Sie es bedauern, sich nie mehr gemeldet zu haben. Bei anderen werden Sie vielleicht nur neugierig sein, was aus ihnen wohl geworden ist. Oder Sie haben ganz einfach spontan Lust, sich zu melden. Dies wären doch alles gute Gründe, mal wieder Kontakt aufzunehmen:

- **Erkundigen Sie sich, was der eine oder andere beruflich macht.**
- **Wie sind die letzten Jahre ganz allgemein verlaufen?**
- **Wie steht es mit der Liebe und dem Leben?**
- **Fragen Sie nach, wie man den einen oder anderen gemeinsamen Bekannten erreichen könnte.**
- **usw.**

Es ist aber auch völlig in Ordnung, gleich mit dem Thema herauszurücken, bei dem Sie Unterstützung suchen. Es gibt zahlreiche Anlässe, von sich hören zu lassen. Das Ganze ist von Ihrem Naturell und vor allem von dem Verhältnis abhängig, wie Sie zu dem einen oder anderen stehen. Ihnen werden bestimmt genügend Gründe einfallen. Zumindest können Sie den einen oder anderen Datensatz aktualisieren und komplettieren. Sie schaffen auf jeden Fall bessere Voraussetzungen, damit Sie mit Ihrer Kategorisierung richtig liegen. Jedoch sollten Sie bei der Kontaktaufnahme eines nicht vergessen:

> **Der Spaßfaktor sollte für Sie nicht zu kurz kommen.**

Erzwingen Sie nichts im Übermaß. Folgen Sie einfach Ihrer Neugier. Es kann sehr unterhaltsam sein, die nächsten Tage oder Wochen dem Motto unterzuordnen, sich einmal wieder zu melden. Sie werden nicht nur erstaunt sein, was Sie alles zu hören bekommen, sondern auch erstaunliche Zufälle erleben. Es wäre nicht das erste Mal, dass Sie schon in dieser Phase das erhalten, was Sie im Vorfeld suchten. Und dies, obwohl Sie mit dem Netzwerkaufbau noch gar nicht begonnen haben.

Grundsätzlich sollten Sie nicht zu streng mit der Bewertung Ihrer Stoffsammlung sein. Darüber hinaus ist es immer fragwürdig, Menschen überhaupt zu bewerten. Sicher wird jeder seine positiven Seiten und Vorzüge haben. Zudem steht über alledem ein großes Fragezeichen, ob Sie die Hilfe von einigen Personen nicht doch noch irgendwann benötigen. Alles in allem ist es nun mal eine recht persönliche Angelegenheit.

Folgende Möglichkeiten zur Kategorisierung bieten sich beispielsweise an:

- **A-, B- und C-Kontakte**

- **1er-, 2er-, 3er-, 4er-Kontakte und 5er-Kontakte**

- **„Freunde", „Bekannte" und „Kontakte"**

- **„Duz"-, „Sie"- und „Ich-weiß-nicht"-Kontakte**

- **„Sehr wichtig", „wichtig" und „weniger wichtig"**

- **„Branche", „branchenfremd" und „ungeklärt"**

- **„komplett", „unvollständig" und „noch zu recherchieren"**

Es gibt unzählige Varianten, eine Hierarchie in eine Datenbank einzuführen. Zudem können Sie alle Kontakte auch mit mehreren Kategoriebegriffen belegen.

Erstellen Sie sich eine Einteilung, die Ihnen persönlich am besten liegt. Eines ist Ihnen jedoch sicher aufgefallen: Es ist bei meinen Vorschlägen keine Einteilung dabei, die nur in ‚privat' und ‚beruflich' untergliedert ist. Dies hat seinen besonderen Grund:

> **Sie sollten Ihr späteres Netzwerk nicht in berufliche und private Kontakte zerschneiden.**

Früher oder später werden sich private und berufliche Themen sowieso vermischen. Sie werden die Erfahrung machen, dass sich so mancher rein berufliche Kontakt im Laufe der Zeit zu einem Freund oder guten Bekannten entwickeln wird. Spätestens dann wird es immer schwieriger werden, einen klaren Trennstrich zwischen Ihrem Berufs- und Privatleben zu ziehen.

Im Idealfall gehen Sie in Zukunft sogar einem Job nach, in dem die Unterscheidung zwischen „privat" und „beruflich" gänzlich entfällt. Erfolgreiche und entspannte Berufstätige zeichnen sich oft dadurch aus, dass Sie aus ihrer subjektiven Sicht heraus überhaupt nicht mehr das Gefühl haben, ‚arbeiten zu gehen'. Sie leben den Großteil Ihrer privaten Seite schon im Rahmen ihres Jobs aus. Sie üben nicht nur deshalb eine Berufstätigkeit aus, weil sie den Urlaub finanzieren müssen, um wieder davon wegzukommen, vielmehr gewinnen sie aus ihrer ‚Tagesbeschäftigung' mehr Lebensenergie, als sie hineinstecken.

Kommen wir zurück zur eigentlichen Kategorisierung. Neben den bisher vorgeschlagenen Untergliederungsvarianten, sollten Sie zusätzlich noch die Kategorie KONTAKTIDEE o.Ä. einführen. Da Sie sich langfristig nicht täglich mit Ihrer Datensammlung beschäftigen können, sollten Sie eine Möglichkeit schaffen, Personen- oder Unternehmensinformationen sozusagen zu parken. Haben Sie solche Daten mit KONTAKTIDEE o.Ä. kategorisiert, können Sie sich darum dann kümmern, wenn dafür Zeit ist.

Für welche und wie viele Kategorien Sie sich schlussendlich entscheiden, bleibt selbstverständlich Ihnen überlassen. Ich selbst werde in diesem Buch folgende vierstufige Netzwerkhierarchie verwenden:

1. Kontaktidee

2. Positiver Kontakt

3. Bekannter

4. Vertrauter

Wenden wir uns wieder Ihrer Stoffsammlung zu. Sie haben nun Datensätze zu produzieren. Sie geben alles ein, was Ihnen an Informationen vorliegt (siehe Datensatzvorlage). Manchmal haben Sie sogar nur einen einzigen Firmennamen, aber würden gerne dort über persönliche Kontakte verfügen. Dann geben Sie eben nur die Firmierung ein und verschieben die Recherche bzw. Kontaktaufnahme zur entsprechenden Person auf später. Jetzt wissen Sie, warum die Kategorie *KONTAKTIDEE* so wichtig ist.

Darunter sammelt sich praktisch alles an, was Sie noch vorhaben. Dort sind Personen oder Firmen gelistet, die Ihnen als wichtig erscheinen, bei denen Sie jedoch über die erste Idee noch nicht hinausgekommen sind.

> **Die unterste Stufe Ihrer Netzwerkstruktur lautet *KONTAKTIDEE*.**

Im Laufe der Zeit machen Ihre Kontakte praktisch Karriere in Ihrer Netzwerkhierarchie. Manche können Sie gleich ‚hochstufen' zu *VERTRAUTEN*, manche werden im Laufe der Zeit zu guten *BEKANNTEN* und andere kommen über den Status *POSITIVE KONTAKTE* nicht hinaus. Ihre Kontakte werden sich dynamisch in Ihrer Datenbank von einer Kategorie zur nächsthöheren bewegen.

Das bedeutet: Sie schieben während Ihres gesamten Netzwerkaufbaus immer wieder neue *KONTAKTIDEEN* nach. Diese entwickeln sich dann mit der Zeit zu höherwertigen Beziehungen und zum Schluss bleibt ein geringer Prozentsatz von Menschen übrig, die zu Ihren Verbündeten zählen. Die Technik ist also recht simpel:

> **Je mehr Personen Sie unter *KONTAKTIDEEN* aufnehmen, umso mehr *VERTRAUTE* werden letztendlich übrig bleiben.**

Bewerten und dokumentieren Sie also Ihre Stoffsammlung und erstellen Sie Ihre Datenbank. Haben Sie schließlich alles eingegeben, ist es an der Zeit, Ihre bestehenden Kontakte mit neuen zu ergänzen.

2.3 Neue Kontakte schaffen

Es gibt unzählige Orte und Möglichkeiten, um neue Menschen kennenzulernen. Auf folgende sieben gehe ich nun näher ein:

Dieter L. Schmich

1. **Empfehlungsnahme**

2. **Bei der Arbeit**

3. **Messebesuche**

4. **Fort- und Weiterbildungen**

5. **Externe Netzwerke**

6. **Testbewerbungen**

7. **Online-Netzwerke**

Starten wir mit der effektivsten Möglichkeit, um neue Kontakte in Ihre Datensammlung aufnehmen zu können.

2.3.1 Empfehlungsnahme

Dabei geht es um das aktive Nachfragen nach Personennamen, Firmen, Tipps oder sonstige Informationen. Dabei spielen Ihre schon bestehenden Verbindungen eine maßgebliche Rolle. Die meisten Menschen lieben es, Ratschläge zu geben. Je mehr Leute Sie in Ihrer Datensammlung gelistet haben, umso mehr Chancen haben Sie, neue Empfehlungen zu erhalten.

> **Machen Sie es sich zur Regel, Ihre bestehenden Kontakte auf Empfehlungen anzusprechen.**

Insbesondere in der Anfangsphase Ihres Netzwerkaufbaus kann dies ungemein hilfreich sein. Die Klassiker unter den Fragestellungen kennen Sie sicher bereits:

> *„Können Sie mir einen Tipp geben, wie ich an Informationen über .... herankommen könnte?"*
>
> *„Kennen Sie jemanden, der .... ?"*
>
> *„Ich suche nach Ansprechpartnern für .... Was würden Sie mir raten, wie ich vorgehen sollte?"*

„*Haben Sie eine Idee, wen ich ansprechen könnte, wenn ich mich für .... interessiere?*"

„*Ich suche .... Kannst Du mir da weiterhelfen?*"

„*Kennst Du Unternehmen, die zu meiner Branche zählen? Hast Du da einen Namen für mich?*"

„*Fällt Ihnen jemand ein, der infrage käme?*"

„*Wo hast Du denn schon überall gearbeitet? Hast Du da noch Kontakt zu dem einen oder anderen?*"

etc.

Dies können Sie telefonisch, per E-Mail oder im persönlichen Gespräch tun. Wenn Sie beispielsweise das Ziel haben, sich eine vollständige Datensammlung von wichtigen Personalverantwortlichen Ihrer gesamten Arbeitgeberzielgruppe aufzubauen, ist es natürlich immer sinnvoll, sich auch bei solchen Personen zu erkundigen, die der betreffenden Branche angehören.

Im Prinzip können Sie Ihre gesamte „Startphase" darauf beschränken, bestehende Kontakte zu dokumentieren, um diese anschließend nach neuen Namen, Firmen, Anregungen, o.Ä. zu fragen. Sie produzieren Informationen wie am Fließband. Zusätzlich erhalten Sie mit der „Empfehlungsnahme" zahlreiche neue KONTAKTIDEEN. Dies hat folgende Vorteile:

Kontaktieren Sie empfohlene Personen das erste Mal, können Sie sich schon auf einen Empfehlungsgeber beziehen.

Sie haben sich damit eine kleine Referenz geschaffen. Zumindest können Sie erklären, woher Sie einen Namen bzw. die Kontaktdaten haben. Sie genießen dann einen kleinen Vertrauensvorsprung. Noch unbekannte, neue KONTAKTIDEEN verlieren Ihnen gegenüber mögliche Vorbehalte. Im Ergebnis erhalten Sie schneller und vor allem gehaltvollere Informationen.

Wenn Sie die Variante „Empfehlungsnahme" auch dann anwenden, wenn Sie uralte Bekannte das erste Mal wieder ansprechen, müssen Sie auch nicht irgendwelche Anlässe aus den Fingern saugen, um zu begründen, warum Sie sich nach vielen Jahren wieder melden. Sie packen mutig und authentisch alles in eine einzige Kontaktaufnahme hinein:

- **Sie fragen nach fehlenden Informationen im entsprechenden Datensatz.**

- **Äußern Ihre Wünsche, in welchem Bereich Sie Unterstützung brauchen.**

- **Nehmen Empfehlungen auf.**

Dies ist oft besser, als irgendwelche fadenscheinige Gründe zu nennen, warum Sie sich nach vielen Jahren wieder melden. Geben Sie ruhig zu, dass Sie sich gerade ein neues Netzwerk aufbauen. Dies ist im Übrigen auch ein kleines Kompliment für Ihr Gegenüber. Er wird schnell realisieren, dass Sie der Meinung sind, dass auch er dazugehören sollte.

Grundsätzlich rate ich Ihnen, bei Ihrem Naturell und üblichen Sprachgebrauch zu bleiben. Sind Sie eher ein Diplomat, dann gehen Sie auch weiter entsprechend vor. Falls Sie eine etwas direktere Art bevorzugen, dann ist dies ebenso in Ordnung. Wichtig ist nur, dass Sie sich überhaupt angewöhnen, nach Empfehlungen zu fragen. Dies sollte ein fester Bestandteil Ihrer Alltagskommunikation werden. Brauchen Sie konkrete Informationen oder wissen irgendwie nicht weiter, dann grübeln Sie nicht ewig darüber nach, sondern fragen einfach andere Menschen.

Alles in allem kann die „Empfehlungsnahme" per se Ihren Netzwerkaufbau in einer gewaltigen Weise beschleunigen:

1. **Empfehlungen schaffen neue Kontaktideen.**

2. **Neue Kontaktideen schaffen noch mehr Kontakte.**

3. **Noch mehr Kontakte schaffen weitere Empfehlungen.**

Zudem ist es die effektivste Vorgehensweise, um eine gewisse Netzwerkqualität zu erzielen. Der oft langwierige Aufbau eines besseren Verhältnisses zu neuen Personen verkürzt sich maßgeblich.

Falls Sie sich auf die Technik der „Empfehlungsnahme" fokussieren, werden Sie neben der Beschleunigung also auch eine deutliche Erhöhung Ihrer Netzwerkqualität bemerken. Hochwertigere KONTAKTIDEEN und damit auch bessere POSITIVE KONTAKTE oder sogar BEKANNTE sind die Folge.

Nehmen Sie sich nun Ihre frisch aufgebaute Datenbank vor und gehen Sie alle Personen durch. Wen könnten Sie schon jetzt auf Empfehlungen ansprechen?

Gehen wir nun weiter zur zweiten Möglichkeit neue Menschen kennenzulernen.

2.3.2 Bei der Arbeit

Bei seinem aktuellen Arbeitgeber neue Kontakte anzusprechen, ist natürlich am einfachsten.

> **Wechseln Sie grundsätzlich auch mit solchen Personen ein paar Worte, die nicht zum direkten Arbeitsbereich zählen.**

Fällt Ihnen z.B. jemand auf (am Kopierer, Kaffeeautomat o.Ä.), sollten Sie ein wenig Small Talk betreiben. Manchmal können Sie aus zufälligen Zusammentreffen wichtige Erkenntnisse über interne Vorgänge gewinnen. Oft können Sie schon zwischen den Zeilen lesen, was gerade in Ihrer Firma vor sich geht.

Weiterhin sollten Sie sich überlegen, was Sie in den Zeiten machen, in denen Sie gerade nicht am Arbeiten sind:

> **Ritualisieren Sie Arbeitspausen zur Kontaktaufnahme.**

Machen Sie dort Pause, wo sich viele Mitarbeiter aufhalten. So mancher interner Aufstieg hat in der Kaffeeküche seinen Anfang genommen. Verbinden Sie das Angenehme mit dem Nützlichen. In den Pausen ist es besonders einfach, entspannt ein kurzes Gespräch zu führen.

Die Betonung liegt im Übrigen auf „entspannt". Es versteht sich von selbst, dass aufgesetztes Verhalten oder erzwungene Freundlichkeit nicht zielführend sind. Unterschätzen Sie niemals die Intuition anderer Menschen. Schnell würden Sie sich verdächtig machen. Ich empfehle Ihnen deshalb:

> **Legen Sie sich nie im Vorfeld eine Small Talk-Strategie zu.**

Dies wäre für Ihre Authentizität (später mehr dazu) nicht förderlich. Seien Sie also mutig und vertrauen Sie darauf, dass Ihnen schon etwas einfallen wird, wenn es so weit ist. Meistens ist dies dann auch der Fall.

Um neue Beziehungen rund um den Arbeitsplatz zu initiieren, spielen auch neu eingestellte Mitarbeiter und Führungskräfte eine herausragende Rolle. Solche Menschen suchen meist händeringend nach Kontakt. Oft stehen sie an den ersten Tagen vor tausend Fragen. Über die einfachsten Dinge ist man zu Beginn nicht informiert (wo sind die Toiletten, wie komme ich an neue Druckerpatronen, welche Pausenzeiten sind üblich, und, und, und). In diesen Fällen ist es oft ein Leichtes ins Gespräch zu kommen.

Machen Sie sich besonders bei Neulingen Folgendes zur Gewohnheit:

- **Bieten Sie sich als Erster an, Fragen zu beantworten.**

- **Stellen Sie sofort Ihre interne Durchwahl oder E-Mail-Adresse zur Verfügung.**

- **Fordern Sie die betreffende Person unmissverständlich auf, dass sie sich melden soll, wenn sie Hilfe benötigt.**

Neue Kollegen und Vorgesetzte sind in den ersten Tagen recht unsicher. Sie sind für jede Art von Zuspruch und Hilfestellung sehr dankbar. Nutzen Sie diese einmalige Chance, sich als Bezugsperson zu etablieren. Oft bleiben Sie so besonders im Gedächtnis und sichern sich für immer einen Sonderstatus.

Aber auch auf ausscheidende Mitarbeiter und Vorgesetzte sollten Sie (wenn möglich) ein Hauptaugenmerk legen:

> **Ehemalige Arbeitskollegen und Chefs sind für Ihre berufliche Zukunft nahezu die perfekten Empfehlungsgeber.**

Vielleicht werden die neuen Arbeitgeber Ihrer ehemaligen Kollegen und Vorgesetzten für Sie auch einmal interessant. Dann verfügen Sie bei deren Firmen über Topreferenzen.

Berücksichtigen Sie aber auch Kontakte mit anderen Unternehmen, wenn Sie Ihre täglichen Arbeitsaufgaben meistern. Sicher haben Sie dabei auch mit Kunden, Zulieferern oder externen Dienstleistern zu tun.

> **Jede Fremdfirma könnte Ihr nächster Arbeitgeber sein.**

Das Gleiche gilt für Konkurrenzunternehmen: Machen Sie es sich zur Gewohnheit, (diskret und inoffiziell) einen guten Draht zu Beschäftigten konkurrierender Firmen zu haben. Finden Sie einen Weg, sich regelmäßig auszutauschen.

> **Bemühen Sie sich um ein gutes Verhältnis zu Mitarbeitern oder Entscheidungsträgern der Konkurrenz.**

Diese Leute könnten ebenso Ihre zukünftigen Kollegen oder Vorgesetzten sein. Lassen Sie sich deshalb von keinem Chef emotional gegen Wettbewerber aufhetzen. Streben Sie an, sich mit der Konkurrenz auch persönlich zu treffen. Natürlich ist dies eine Gratwanderung. Die Loyalität zu Ihrem derzeitigen Arbeitgeber untergraben Sie aber erst dann, wenn Sie unangemessene Informationen preisgeben.

Es gibt aber auch einen unverfänglicheren Weg, um Mitarbeiter oder Führungskräfte anderer Unternehmen, Institutionen oder Einrichtungen kennenzulernen.

2.3.3 Messebesuche

Falls Sie sich beruflich in einer klar definierten Branche bewegen, ist der Besuch von Messen sicher die beste Variante, um neue Datensätze in Ihrer Datenbank zu produzieren.

Es gibt keine andere Möglichkeit, neue Kontakte zu machen, die zielorientierter für Ihr Vorhaben ist. An einem einzigen Ort finden Sie komprimiert die Mehrzahl aller maßgeblichen Unternehmen vor. An einem einzigen Tag (oder zwei) können Sie sich informieren, wer alles zu Ihrem späteren Netzwerk zählen sollte. Visitenkarten, Imagebroschüren und Geschäftsberichte können eingesammelt werden. Wichtige Kontaktdaten sowie die Namen von zuständigen Ansprechpartnern sind ebenso leicht ermittelbar. Ihnen werden nahezu ideale Bedingungen zum Networking geboten.

> **Versäumen Sie keine Messe, die Ihre Branche betrifft.**

Es ist nicht erforderlich, sich im Übermaß ‚zu verkaufen' oder sich sogar anzubiedern. Sie möchten lediglich Namen von interessanten Ansprechpartnern herausfinden. Es gibt also keinen Anlass, sich unnötig unter Druck zu setzen, nervös zu sein oder sich die ganze Sache komplizierter vorzustellen, als sie ist. Im Allgemeinen werden Sie es mit freundlichen Reaktionen zu tun bekommen. Auf Messen oder vergleichbaren Veranstaltungen sind die Leute auf Small Talk eingestellt und offen, Fragen zu beantworten. Es ist also in erster Linie nicht entscheidend, wie gut Sie Gespräche führen, sondern es geht darum, dass Sie dies überhaupt tun.

Für Gelegenheiten, bei denen Sie auf Menschen Ihrer Arbeitgeberzielgruppe treffen, ist es im Übrigen ratsam, Nachstehendes zu beachten:

▨ **Möchten Sie jemanden ansprechen, suchen Sie zunächst den Augenkontakt und gehen Sie dann mit einem Lächeln auf ihn zu.**

▨ **Ziehen Sie Ihre Schultern leicht nach hinten und achten Sie auf eine aufrechte Körperhaltung.**

▨ **Schauen Sie während des Gesprächs immer wieder gelassen in die Augen Ihres Gegenübers (bitte kein Starren!).**

▨ **Ihr Outfit sollte dem Kleidungsstandard entsprechen, der im angestrebten Berufsalltag üblich ist.**

▨ **Im Anschluss an das Gespräch sollten Sie sich die wichtigsten Informationen notieren (beispielsweise auf der Rückseite von Visitenkarten).**

Obwohl viele Leserinnen und Leser dahingehend sicher keine Tipps benötigen, mache ich dennoch immer wieder die Erfahrung, dass manche einen zu großen Kommunikationsaufwand betreiben. Deshalb stelle ich Ihnen ausnahmsweise einige Formulierungen vor. Diese sollen Sie daran erinnern, sich auf kurze und einfache Fragestellungen zu reduzieren.

„Entschuldigung, darf ich Ihnen eine Frage stellen (..., darf ich Sie kurz ansprechen)?"

„Ihr Unternehmen macht auf mich einen hochinteressanten Eindruck. Wie kann ich nähere Informationen erhalten?"

„Ich informiere mich gerade über meine Branche. Könnten Sie mir vielleicht einen Tipp geben, wo ich weiterführende Informationen bekomme?"

„Welche Unternehmen sind die wichtigsten der Branche? Haben Sie da einen Ansprechpartner für mich?"

„Ich bin .... von Beruf und denke über eine neue Herausforderung nach. Glauben Sie, dass Ihr Unternehmen für mich infrage käme?"

„Nun muss ich aber leider weiter. Das Gespräch war für mich sehr interessant. Darf ich wieder auf Sie zukommen, falls ich noch Fragen hätte?"

„Ich möchte mich sehr herzlich für das Gespräch bedanken. Haben Sie vielleicht ein Kärtchen für mich?"

„Vielen Dank für das Gespräch. Das hat mir sehr weitergeholfen. Falls ich noch Fragen habe, darf ich Sie nochmals kontaktieren? Bevorzugen Sie E-Mail oder eher Telefon?"

„Die Informationen haben mir sehr weitergeholfen. Haben Sie vielleicht eine Infobroschüre oder Ähnliches für mich? Sind darin Ihre Kontaktdaten enthalten?"

etc.

Haben Sie ruhig den Mut, sich auf wenige Fragen zu konzentrieren. Je mehr Ihr Gegenüber redet und je weniger Sie sprechen, umso informativer und einfacher ist für Sie die Unterhaltung.

Falls Sie es derzeit nicht gewohnt sind, unbekannte Menschen anzusprechen, können Sie sich auch ganz einfach nur nach einer Visitenkarte erkundigen. Falls man nachfragt warum, sprechen Sie einfach aus, wie es ist: Sie sind gerade dabei, sich einen Überblick über Ihre Branche zu verschaffen. Dabei sind Sie natürlich auf der Suche nach den interessantesten Unternehmen. Zudem sollten Sie natürlich niemals die „Empfehlungsnahme" vergessen:

> **Sammeln Sie auf Messen Visitenkarten ein oder fragen Sie nach Empfehlungen für weitere Ansprechpartner.**

Wieder zu Hause angekommen, können Sie Ihre gewonnenen Informationen unter der Kategorie KONTAKTIDEE oder POSITIVER KONTAKT eingeben (je nachdem, wie es gelaufen ist). Später, wenn Zeit dafür ist, können Sie sich immer noch überlegen, um wen Sie sich später kümmern möchten. Hauptsache Sie haben die Kontaktdaten in Ihrer Datenbank gesichert.

Wenn zu einem späteren Zeitpunkt bei Ihnen konkretere Fragen auftauchen, haben Sie sozusagen die Berechtigung, sich wieder zu melden. Allein dadurch, dass Sie mitteilen können, im Besitz einer

Visitenkarte zu sein, wird sich ein angenehmerer und insbesondere gehaltvollerer Austausch ergeben.

Wichtig ist nur, dass Ihre Datenbank wächst und wächst, schließlich befinden Sie sich noch in der „Startphase". Gehen wir weiter zur vierten Netzwerktechnik, um neue Menschen kennenzulernen.

2.3.4 Fort- und Weiterbildungen

Veranstaltungen zur Fort- und Weiterbildung sind sehr dankbare Möglichkeiten, um neue Kontakte zu knüpfen. Alle Teilnehmer haben zumindest in einem Punkt ein gemeinsames Interesse. Es gibt sozusagen Schnittmengen. Das schafft Vertrauen. Die Teilnehmer sind offen für Ihre Kontaktwünsche.

Davor, danach und in den Pausen kommt man deshalb schnell ins Gespräch. Zudem fühlt man sich ein wenig in die Schul- und Studienzeit zurückversetzt. Es breitet sich ein gewisses Nostalgiegefühl aus. Der Austausch von Kontaktdaten ist bei solchen Veranstaltungen besonders einfach. Zudem sind viele Teilnehmer offen dafür, im Nachhinein auch den Kontakt zu halten. Ein persönliches Treffen zu einem späteren Zeitpunkt ist oft die logische Folge davon.

> **Machen Sie sich zur Gewohnheit, regelmäßig Veranstaltungen zur Fort- und Weiterbildung zu besuchen.**

Zählen Sie dabei nicht nur auf das Engagement Ihres derzeitigen Arbeitgebers. Zeigen Sie Eigeninitiative. Insbesondere an den Volkshochschulen, bei den jeweiligen Kammern (IHK, HWK etc.) oder in den Online-Netzwerken sind immer wieder interessante Angebote zu finden. Dies tut nicht nur der Erweiterung Ihres Fachwissens sehr gut, sondern Sie können Networking, Spaß und Nutzen wunderbar miteinander vereinen.

> **Verbinden Sie Fortbildung mit Networking.**

Falls Sie jemand sind, der nicht so schnell ins Gespräch kommt oder Sie es einfach verpasst haben, rechtzeitig nach den Kontaktdaten zu fragen, gibt es eine einfache Möglichkeit, dies zu kompensieren. Sie lassen am letzten Tag der Veranstaltung einfach eine Liste herumgehen (falls nicht schon andere auf diese simple Idee gekommen sind). Beispielsweise könnte das Blatt folgendermaßen strukturiert sein:

Kurs XY, ABC Akademie am TT.MM.JJJJ

TEILNEHMER-LISTE

Name	E-Mail	Telefon	Mitglied bei Xing, LinkedIn oder Facebook?
Sabine Muster	muster@mail.de	0123-45678901	ja
Max Muster	max@mail.de	-	nein
Karl Beispiel	beispiel@abc.de	0123-45468912	ja
Esther Test	test@mail.com	0256-895678	ja

Tragen Sie sich selbst als Erster ein, damit die anderen wissen, wie und wo was auszufüllen ist.

Ist die Liste schließlich komplett, können Sie den Zettel kopieren und anschließend jedem Teilnehmer ein Exemplar aushändigen. Dann hat jeder von jedem die Kontaktdaten. Falls keine Möglichkeit besteht, das Ganze schon vor Ort zu vervielfältigen, versprechen Sie, die Liste per E-Mail nachzureichen.

Noch ein Tipp am Rande: Lassen Sie am besten die Finger weg von sogenannten Webinaren (Seminare im Web). Solche Offerten werden meist in Social-Communities für viel Geld vertrieben. Erstens handelt es sich meist um zweifelhafte Angebote von Multi-Level-Marketing-Unternehmen (Strukturvertrieb, Schneeball-Systeme) und zweitens kommen Sie dadurch mit niemandem in persönlichen Kontakt.

Sie können sich aber auch durch Lektüre fortbilden, um im gleichen Atemzug von wichtigen Ansprechpartnern zu erfahren. Abonnieren Sie eine Fachzeitschrift, die zu Ihrer beruflichen Situation passt. Für Ihren Tätigkeitsbereich oder Ihre zukünftigen Berufswünsche gibt es sicher einiges auf dem Markt.

Finden Sie heraus, welche Fachmedien für Sie wichtig sind.

Die meisten einschlägigen Medien erscheinen monatlich, vierteljährlich oder sogar nur einmal im Jahr. Das bedeutet, dass Sie sich nur wenige Male hinsetzen müssen, um ein paar Seiten durchzublättern. Sicher sind darin auch einige Werbeanzeigen von interessanten Unternehmen zu entdecken – neue KONTAKTIDEEN für Ihre Datenbank.

Viel wichtiger sind jedoch die Gastbeiträge, die in solchen Fachmedien üblich sind. Achten Sie dabei auf die Namen der Verfasser und integrieren Sie diese in Ihre Datenbank. Es spricht nichts dagegen, spontan Kontakt aufzunehmen, wenn Ihnen etwas gefallen hat:

Schreiben Sie interessanten Autoren ein kleines Feedback.

Dies können Sie oftmals schnell am PC erledigen. Ein E-Mail-Kontakt ist meist mit angegeben. Wenn nicht, können Sie Autoren auch problemlos im Internet recherchieren.

Darüber hinaus sollten Sie auch Online-Medien beachten. Es werden sicher branchenspezifische Internetseiten existieren, die zu Ihrem Fachgebiet passen. Fallen Ihnen dort Namen oder Firmen auf, pflegen Sie diese wieder unter KONTAKTIDEEN ein. Oder Sie abonnieren per E-Mail passende Newsletter. Auch darin werden Sie viele Kontakt-Inspirationen für Ihr späteres Netzwerk entdecken.

2.3.5   Externe Netzwerke

Grundsätzlich können Sie sich auch in schon bestehende Netzwerke einklinken. Darunter fallen beispielsweise Vereine, Business-Clubs, Verbände und sonstige bereits etablierte Interessensgemeinschaften.

Es ist jedoch meist etwas Geduld vonnöten. Zumindest in unserem Kulturkreis erfordert das Vorankommen in solchen externen Netzwerken unter Umständen viel Zeit und Engagement. Man hat sich zu etablieren und Vertrauen zu schaffen. Nichtsdestotrotz bieten solche bereits etablierten Zirkel durchaus hochinteressante Vorteile:

- **Sie treffen auf Personen mit gleichen Interessen.**
- **Die Kontaktaufnahme zu neuen Menschen ist einfacher.**
- **Die Anzahl der Kontakte wird auf einen Schlag maßgeblich erhöht.**
- **Man profitiert von Erfahrungen anderer.**
- **Netzwerkstrukturen bestehen bereits und können mitbenutzt werden.**

Sie müssen jetzt nicht an das klassische Golf-Club-Beispiel denken. Es ist nicht jedermanns Sache, sich mit einer Bundfaltenhose, einem Marken-Polohemd und mit einem über die Schultern gehängten Kaschmir-Pullover zu verkleiden. Ich meine auch nicht den Dorf-

Verein, in dem sich alle Mitglieder sowieso schon eine kleine Ewigkeit kennen und Neulinge eher mit Argusaugen beobachtet werden.

Vielmehr rede ich von Gruppen, in denen Sie genau auf die Themen stoßen, die Sie interessieren. Sie können ja mal spaßeshalber Ihr persönliches Interessensgebiet „googeln". Dabei sind beispielsweise folgende Such-Kriterien zweckmäßig (Anführungszeichen nicht vergessen):

- „Interessensgebiet+e.V." + Wohnort

- „Interessensgebiet+Verband" + Wohnort

- „Interessensgebiet+Stammtisch" + Wohnort

- „Interessensgebiet+Gruppe" + Wohnort

Sie werden erstaunt sein, dass es für alles und jeden irgendwelche Organisationen gibt. Darüber hinaus gibt es eine Unmenge von Stammtischen, die nicht das Biertrinken zum Schwerpunkt haben, sondern ganz spezielle berufliche bzw. fachliche Ziele verfolgen.

Das Ganze hängt natürlich von Ihrer persönlichen Interessenslage ab. Sie sollten sich auch überlegen, ob es Ihnen zeitlich möglich ist, neben Ihrer Berufstätigkeit noch eine ehrenamtliche Funktion in solchen Institutionen zu übernehmen. Dies bietet ebenfalls erhebliche Vorteile:

- Ihr Ansehen in der Gruppe steigt und die Integration erfolgt nahezu automatisch.

- Im Laufe einer ehrenamtlichen Arbeit muss man den Kontakt nicht selbst initiieren, sondern man wird meist kontaktiert.

- Externe Kontakte zur Gruppe können kennengelernt werden, wie z.B. Zulieferer, Dienstleister oder Ansprechpartner der Öffentlichen Hand.

Insbesondere das Engagement in beruflichen Verbänden, Kammern o.Ä. können Sie einen Riesenschritt voranbringen. Der zeitliche Aufwand wird meist dadurch kompensiert, dass erstklassige Verbindungen zu wichtigen Personen entstehen.

Haben Sie z.B. vor, in ein paar Jahren Ihre Branche zu wechseln, so ist es schon jetzt sinnvoll, sich darüber Gedanken zu machen, bei welcher Gruppierung Sie sich einklinken könnten.

> **Verbünden Sie sich mit gleichgesinnten Menschen, die sich bereits mit anderen verbündet haben.**

Dies muss aber auch nicht unbedingt im beruflichen Bereich geschehen. Sie werden sicher auch in Ihrem Privatleben ein Thema oder Hobby haben, das Sie brennend interessiert. Zumindest auf diesem Gebiet sollten Sie kein Einzelkämpfer sein. Suchen Sie sich Gleichgesinnte, mit denen Sie sich austauschen können. Dies wird Sie in Ihrer Netzwerkarbeit nicht nur voranbringen, sondern Sie vor allem angenehm inspirieren.

2.3.6   Testbewerbungen

Auch wenn Sie derzeit einen Traumjob innehaben, sollten Sie hin und wieder ein paar Testbewerbungen versenden. Sie haben nichts zu verlieren. Auch dann, wenn sich Ihr aktueller Job optimal entwickelt, spricht nichts dagegen, sich ein paar Mal im Jahr zu bewerben.

> **Mit Testbewerbungen erhalten Sie wichtige Informationen, welche Ansprechpartner für welchen Bereich zuständig sind.**

Falls Sie sogar zu einem Vorstellungsgespräch eingeladen werden, können Sie direkt wichtige Entscheidungsträger kennenlernen. Sie müssen ja nicht gleich jedem auf die Nase binden, dass Sie keine neue Anstellung suchen. Sie können nur gewinnen. Entpuppt sich eine Stelle als uninteressant, bleibt alles wie es ist. Sie haben dann einen weiteren, hochinteressanten Kontakt Ihrer Arbeitgeberzielgruppe in der Tasche. Bekommen Sie hingegen ein gutes Angebot gemacht, haben Sie die Wahlfreiheit sich zu verbessern.

Wenn Sie sich angewöhnen, ohne Not ein paar wenige Bewerbungs-aktivitäten pro Jahr durchzuführen, werden Sie zudem etwas Seltsa-mes und Unerklärliches erleben:

> **Erfahrungsgemäß ergeben sich die besten Karrierechancen immer dann, wenn man sie nicht benötigt.**

Voraussetzung dafür ist natürlich, dass Ihre Bewerbungsunterlagen immer auf dem neuesten Stand sind. Diese sollten fix und fertig vor-liegen. Sie sollten als Networker zumindest Ihren Lebenslauf immer versandfertig zur Hand haben.

Jedoch gibt es auch ein kleines Risiko zu kalkulieren. Es gibt Branchen, in denen man sich mehr oder weniger kennt. Selbstver-ständlich wäre es sehr peinlich, wenn die Firma, bei der Sie sich nur zum Test beworben haben, zu Ihrem gegenwärtigen Arbeitgeber Kontakt hätte (oder aufnehmen würde). Dies könnte Ihnen negativ ausgelegt werden.

Um dies zu vermeiden, wäre es zweckmäßig, in Ihren Bewer-bungsunterlagen den aktuellen Arbeitgeber nicht beim Namen zu nennen. Wenn Sie im Anschreiben darauf hinweisen, dass Sie dies aus Gründen der Vertraulichkeit tun, wird das in der Regel von der Ge-genseite akzeptiert.

Es gibt aber auch eine andere Variante: Sie bewerben sich nicht, sondern stellen einfach Kurzanfragen per E-Mail. Beispielsweise mit folgendem Text:

Sehr geehrte Damen und Herren,

ich trage mich mit dem Gedanken, mich bei Ihnen für den Bereich .... zu bewerben. Können Sie mir bitte den für mich zuständigen Ansprechpartner nennen. Danke im Voraus und

mit freundlichen Grüßen

Sabine Mustermann

Im Fall von Testbewerbungen ist es also ratsam, die öffentlich ausge-schriebenen Vakanzen im Blick zu haben. Damit halten Sie sich nicht nur offen, hin und wieder Ihre Unterlagen versenden zu können, son-dern Sie behalten auch einen Überblick über einen Teil Ihrer Branche bzw. über den „Veröffentlichten Stellenmarkt".

Die Stelleninserate in Tageszeitungen oder in Online-Jobbörsen zu beobachten, ist mit wenig Aufwand machbar. Die Printmedien brauchen Sie nur samstags am Frühstückstisch kurz zu überfliegen. Bei den Online-Anbietern können Sie dagegen noch zeitsparender vorgehen:

> **Abonnieren Sie per E-Mail die Stelleninserate, die von Firmen Ihrer Branche oder aus Ihrer Region stammen.**

Sie legen also bestimmte Suchkriterien bei einer Online-Jobbörse Ihrer Wahl fest und lassen sich kostenlos die Ergebnisse per E-Mail regelmäßig zustellen. Ich rate Ihnen jedoch, die Suchergebnisse auf gar keinen Fall nach ausgeschriebenen Positionen, sondern aus-schließlich nach Branche und Region zu filtern. Nur so bekommen Sie auch wirklich alle Arbeitgeber angezeigt. Entweder aus Ihrer Branche oder Ihrer bevorzugten Region.

Einige große Online-Jobbörsen sind z.B. folgende (alphabetische Reihenfolge):

- **experteer.de**
- **FAZjob.net**
- **Gigajob**
- **jobpilot.de**
- **Jobrapido**
- **Jobware**
- **Kalaydo**
- **Monster**

Welche Positionen in den jeweiligen Stelleninseraten ausgeschrieben sind, kann Ihnen egal sein. Sie sind an Unternehmensdaten interessiert. Fallen Ihnen dann bestimmte Firmen auf, die für Sie später auch einmal interessant sein könnten, tragen Sie das Ganze einfach wieder unter KONTAKTIDEE ein. Das Schöne daran ist, dass Sie dabei meist auch die Namen der Ansprechpartner, Durchwahl-Nummern oder E-Mail-Adressen geliefert bekommen.

Sammeln Sie aus unpassenden Stellenangeboten passende Arbeitgeber- und Personendaten.

Darüber hinaus werden wir in unserem Alltag tagtäglich mit Unternehmen, Institutionen und Behörden konfrontiert. Man vergisst aber leicht, dass diese auch als potenzielle Arbeitgeber infrage kommen können. Sie hingegen sollten sich dessen bewusst sein. Stellen Sie sich hierzu einige Fragen:

- **Welche Unternehmen fallen mir im Fernsehen und im Radio auf?**

- **Welche erscheinen auf Prospekten, Plakaten, Bekanntmachungen, Werbeanzeigen oder im Rahmen sonstiger Marketingauftritte?**

- **An welchen Arbeitgebern fahre ich täglich mit meinem Auto, Fahrrad oder mit Bus und Bahn vorbei?**

- **Welche Unternehmen gibt es in meinem Ort bzw. in meinem Stadtviertel?**

- **Frage ich Menschen, mit denen ich zufällig in Kontakt komme, wo Sie arbeiten?**

- **Wo bin ich selbst Kunde? Von welchen Unternehmen habe ich Rechnungen, Angebote oder sonstige Belege erhalten und abgelegt?**

Nutzen Sie Ihr Mobiltelefon! Falls Ihnen irgendwo etwas ins Auge fällt (z.B. ein Firmenschild oder ein Logo auf einem Plakat), machen Sie einfach ein Foto davon. Zuhause am Schreibtisch können Sie dann die fehlenden Informationen (z.B. Telefonnummer, genaue Firmenbezeichnung oder E-Mail-Adresse) im Internet nachrecherchieren und einen neuen Datensatz unter *KONTAKTIDEE* erstellen.

In der Summe entsteht nach und nach eine vollständige Aufstellung Ihrer Arbeitgeberzielgruppe. Wie Sie schlussendlich den Kontakt herstellen, ist Nebensache. Hauptsache Sie erarbeiten sich erst einmal einen großen Fundus, auf dem Sie aufbauen können. Ob Sie später eine Bewerbung als Testballon steigen lassen oder auf andere Weise einen bestimmten Entscheidungsträger kontaktieren, bleibt dann Ihnen überlassen. Beispielsweise gibt es die Möglichkeit, den Kontakt über Business-Communities herzustellen. Dies ist heute eine besonders bequeme Variante, um die Erstansprache zu realisieren.

2.3.7 Online-Netzwerke

Online-, Business- oder Social-Communities sind wunderbare Instrumente, um Personen zu recherchieren und den Kontakt aufzunehmen. Während man früher umständlich und zeitraubend Telefonnummern, E-Mail-Adressen oder sonstige Kontaktdaten beschaffen musste, ist heute nur noch der Vor- und Zuname vonnöten. Allein mit diesen Informationen kann man nahezu jedermann finden, persönliche Daten erhalten und ins Gespräch kommen.

Ich untergliedere das Thema „Online-Netzwerke" in drei Unterpunkte:

1. **Auswahl**

2. **Datensicherheit**

3. **Handhabung**

Auswahl

Zunächst stellt sich die Frage, welche Anbieter Sie nutzen sollten. Noch vor wenigen Jahren hatte man die Qual der Wahl. Diese Zeiten sind vorbei. Mittlerweile hat eine gewaltige Marktbereinigung stattgefunden. Aufgrund des harten Verdrängungswettbewerbs ist die Mehrheit aller Online-Communities entweder nicht mehr vorhanden oder zur Bedeutungslosigkeit verkommen.

Damit ist die Frage, welche Online-Netzwerke zu nutzen sind, simpel zu beantworten. Die Auswahl hat sich mittlerweile auf wenige Anbieter reduziert. Folgende Communities sind übrig geblieben, von denen man behaupten kann, dass sie über eine ausreichende Anzahl von Mitgliedern verfügen:

- **Facebook (Allrounder)**

- **Google+ (Konkurrenz zu Facebook)**

- **LinkedIn (eher internationale Business-Kontakte)**

- **Xing (Business-Kontakte, eher in der deutschsprachigen Region)**

Facebook und Google+ haben eher einen privaten Charakter eingenommen. Wobei Facebook der mit weitem Abstand alleinige Marktführer ist. Sie werden dort zu den Themen Job und Karriere nur wenig finden. Dennoch hat Facebook eine gewaltige Durchdringung der Gesellschaft erreicht. Das bedeutet, haben Sie irgendwo einen Namen aufgeschnappt und wollen sich ein wenig schlaumachen, ist die Wahrscheinlichkeit recht groß, dass Sie diese Person dort finden werden. Zudem geht das Gros der Facebook-Gemeinde mit ihren privaten Daten, Fotos, Aktivitäten derart leichtfertig um, dass es durchaus amüsant und abendfüllend sein kann, bestimmte Profile näher zu betrachten.

Etwas seriöser geht es bei Xing und LinkedIn zu. Zudem wird man dort mit weniger sinnentleerter Kommunikation, peinlichen Fotos, nervigen Werbeanzeigen oder unnötigen Spams belästigt. Der Hintergrund ist, dass Sie in diesen beiden Netzwerken kostenpflichtig Mitglied werden können. Das typische Xing- oder LinkedIn-Mitglied akzeptiert in der Regel ein paar Euro Monatsgebühren, um auch alle Netzwerkinstrumente zur Verfügung gestellt zu bekommen.

Xing ist der alleinige Marktführer, wenn es um deutschsprachige

Business-Kontakte geht. Speziell in Deutschland, Österreich und der Schweiz ist dieses Netzwerk das Maß der Dinge. LinkedIn ist die Nummer eins, wenn Sie an weltweiten, insbesondere nordamerikanischen Kontakten interessiert sind. Durch die internationale Verbreitung verfügt LinkedIn logischerweise über ein Vielfaches an Mitgliedern als Xing.

Ich empfehle Ihnen, zwei Konten zu führen – eines in einer Social- und eines in einer Business-Community:

- **Facebook, ohne Aktivität, nur zur privaten Recherche.**
- **Xing, für das eigentliche Networken im deutschsprachigen Raum.**

Falls Sie eher einen internationalen Schwerpunkt haben, ersetzen Sie Xing durch LinkedIn. Wenn Sie noch nicht Mitglied in einem dieser Online-Netzwerke sein sollten, haben Sie ein entsprechendes Konto zu eröffnen.

Daran geht heute leider kein Weg vorbei. Es ist ganz einfach eine Selbstverständlichkeit geworden, dabei zu sein. Es wäre nahezu leichtfertig, sich diesem gewaltigen Kontaktpotenzial zu verschließen. Mit keinem anderen Netzwerkinstrument können Sie so simpel und schnell eine derart große Zahl von Erstkontakten realisieren (und dies weltweit). Die Vorteile sind enorm:

- **Es ist dort mittlerweile das Gros aller Ansprechpartner zu finden, die für das Networking benötigt werden.**
- **Personen können recherchiert und durch eine simple Kontaktanfrage angesprochen werden.**
- **Man erhält oft alle wichtigen Daten, wie z.B. Firmenadresse, Kontaktdaten, Arbeitgeber, Hierarchieebenen, Funktionen, Berufserfahrungen, Interessen etc.**
- **Die Daten des Gegenübers sind meist auf dem neuesten Stand.**
- **Es ist ein Foto vom Gegenüber sichtbar.**
- **Es wird eine Nachrichten- und Adressbuchfunktion angeboten.**
- **Man wird selbst gefunden und ist leicht kontaktierbar.**

- Durch Blogs, Beiträge und Kommentare kann die eigene Fachkompetenz dokumentiert werden.

- Fachspezifische Gruppen inklusive Diskussionsforen sind nutzbar.

- Man erhält Einladungen zu Veranstaltungen und Business-Events.

- Durch die Benachrichtigungsfunktion per E-Mail wird man automatisch auf dem Laufenden gehalten.

- Personen- und Kontaktdaten gehen nicht verloren, wenn am eigenen Rechner technische Probleme auftreten.

Der Mehrwert ist also beeindruckend hoch und kompensiert bei Weitem die Risiken solcher Online-Netzwerke. Damit wären wir schon bei der Kehrseite der Medaille.

Datensicherheit

Es müsste mittlerweile jedem bewusst sein, dass es im Internet keine Datensicherheit gibt. Mit hoher Wahrscheinlichkeit treffe ich mit diesem Thema aber auch auf kein sonderliches Interesse bei Lesern.

Millionen von Smartphone-Besitzer zeigen dieses Desinteresse sehr deutlich auf. Die Marketing- und Überwachungsindustrie hat es erreicht, dass freiwillig und weltweit Millionen von Menschen Geräte an ihrem Körper tragen, mit deren Hilfe sie Tag und Nacht beobachtet werden können. Die Mikrophon- und Kamerafunktionen sind so konzipiert, dass sie jederzeit (und vom Besitzer unbemerkt) durch Fachleute aktivierbar sind. Räume (z.B. Schlafzimmer, Büros, etc.) und Umgebung können so neben den eigentlichen Telefonaten in Bild und Ton jederzeit mitverfolgt werden (auch wenn das Gerät ausgeschaltet ist). Zudem werden massenhaft Persönlichkeits-, Konsum-, Verhaltens- und Bewegungsprofile permanent erstellt. Der klassische Smartphone-Nutzer drängelt sich damit ganz nach vorne, wenn es um den gläsernen Bürger geht. Ihm ist wahrscheinlich ebenso egal, ob z.B. Stalker oder Spaßvögel mit ein wenig Geld und Engagement mehr erfahren, als man je dem intimsten Vertrauten gestatten würde.

Dass der Akku (wie zufällig) oft nicht mehr entfernbar ist, stört scheinbar ebenfalls niemanden mehr. Dies wäre die einzige Möglichkeit, um dem Spuk ein Ende zu setzen.

Über alledem stehen die für uns ungewohnten Ansichten der US-amerikanischen Internetfirmen über Datenschutz. Wirtschaftsexperten sind sich darüber einig, dass Google, Apple, Microsoft & Co. nicht mehr hauptsächlich mit Werbung, Software oder mit Endgeräten ihren Umsatz generieren. Vielmehr erhalten sie wahrscheinlich erhebliche Geldsummen, damit sie ihre Soft- und Hardwareprodukte zu den staatlichen und nichtstaatlichen IT-Systemen kompatibel gestalten. Private Datenströme können dadurch eins zu eins direkt zu der Marketing- und Überwachungsindustrie fließen.

Wir müssen aber nicht ausschließlich mit dem Finger auf die USA (oder Großbritannien) zeigen. Wenn Sie hierzulande für Ihren Ausweis ein biometrisches Foto vorzulegen haben, ist der Grund sicher nicht in der höheren Attraktivität des Bildes zu suchen. Wenn Ihr Fingerabdruck bei der Beantragung Ihres Passes gefordert wird, hat dies sicher ebenso nichts mit dem Schutz intimer Daten zu tun.

Aber auch dann, wenn Sie einen Überseeflug für Ihren Urlaub buchen oder eine Banküberweisung tätigen, dürfen sich Ihre persönlichen Daten über eine Reise in die Welt des Internets erfreuen. Kurzum:

> **Persönliche Daten wie z.B. Passbild, Adresse, Geburtstag, Staatsangehörigkeit brauchen Sie nicht mehr zu schützen.**

Das digitale Kind des Datenschutzes ist schon längst in den Brunnen gefallen. Nichtsdestotrotz muss man ja nicht völlig die Hoffnung verlieren. Aus diesem Grunde möchte ich dennoch empfehlen, mit Online-Netzwerken nicht leichtfertig umzugehen.

Wir haben es also mit einem Drahtseilakt zu tun. Auf der einen Seite sind Social- und Business-Communities unabdingbare Hilfsmittel für den Aufbau eines Netzwerks, auf der anderen Seite wird man jede Sekunde ausspioniert. Was ist jetzt die Lösung? Ganz einfach, man sollte den Spieß einfach umdrehen!

Verkehren Sie die Nachteile der Datenspionage zu Vorteilen.

Wenn Sie also genau diejenigen Angaben ins Netz stellen, von denen Sie explizit wünschen, dass sich diese im Internet verbreiten ("Kleine-Welt-Phänomen"), kommt Ihnen der Datenklau gerade recht. Gehen wir also weiter zur konkreten Handhabung Ihrer privaten Daten.

Handhabung

Falls Sie nicht schon Mitglied bei Facebook oder Xing sind, haben Sie sich anzumelden. Sie gehen einfach auf die entsprechenden Internetseiten, eröffnen ein Konto und folgen den Anweisungen. Da sich die Anmeldeprozedur regelmäßig ändert, macht es wenig Sinn, an dieser Stelle konkreter zu werden. Solche Ratschläge wären bereits veraltet, bevor dieses Buch in Druck gehen würde.

Im Allgemeinen werden zuerst bestimmte Daten von Ihnen abgefragt. Sie haben Ihr persönliches Profil anzulegen. Man bietet Ihnen an, ein Bild von sich hochzuladen. Dies ist durchaus sinnvoll. Profile, die kein Porträt des Mitglieds zeigen, sind in der Online-Community verpönt. Solchen Profilen wird unterstellt, dass Sie unter einem falschen Namen angelegt sind und nur zur Schnüffelei dienen. Sie haben sich also zu entscheiden: Entweder Sie betreiben inklusive Foto einen Account oder Sie lassen es gleich ganz bleiben. Wenn Sie sich dann pro Foto entschieden haben, rate ich Ihnen zu Folgendem:

Ernennen Sie ein einziges Bild zu Ihrem offiziellen PR-Bild und bleiben Sie dann auch dabei.

Ausschließlich dieses Foto setzen Sie im Internet ein. Sie stellen so sicher, dass nur ein einziges Porträt von Ihnen im Netz kursieren kann. Beispielsweise verwenden viele das Foto aus ihren Bewerbungsunterlagen. Diese Aufnahme wurde sowieso schon x-mal an fremde Leute versendet und wurde wahrscheinlich schon mehrmals digital bzw. online verarbeitet.

Natürlich könnten Sie auch Ihr biometrisches Ausweisfoto nutzen. Schließlich steht dieses Bild ebenso längst irgendwo im Netz. Allerdings versteht sich von selbst, dass dieses Foto nicht gerade PR-tauglich ist. Dennoch wäre dies heute durchaus eine Notlösung, insbesondere vor dem Hintergrund des Datenschutzes.

Im Anschluss, nachdem Sie Ihr Bild hochgeladen haben (bzw. manchmal auch davor), werden Sie in der Regel nach persönlichen Daten wie Name, Adresse, Geburtsdatum, E-Mail-Adresse, Telefonnummern, etc. befragt. Aus besagten Gründen können Sie mit diesen Angaben unbesorgt umgehen. Solche Informationen haben Sie in Ihrer Vergangenheit bereits flächendeckend im Internet verbreitet. Lediglich persönliche Vorlieben spielen dabei eine Rolle. Beispielsweise geben viele nur Ihre E-Mail-Adresse an, weil Sie über Telefon nicht kontaktiert werden möchten. Andere bevorzugen wiederum das Telefon und geben z.B. eine Geschäftsnummer an.

Danach sollte mit der Dateneingabe, zumindest bei Facebook, Schluss sein. Bei US-amerikanischen Online-Dienstleistern kann man nicht vorsichtig genug sein. Diese wenigen Angaben sind für unsere Zwecke völlig ausreichend, schließlich benötigen Sie den Datenspion Nummer eins nur zur Recherche und schnellen Kontaktaufnahme. Ob Sie darüber hinaus umfangreicher Facebook nutzen möchten, bleibt Ihrer persönlichen Meinung über den Datenschutz überlassen.

Aus Sicht dieses Ratgebers geht es jetzt nur noch mit der deutschen Business-Community Xing weiter. Dort können Sie weitere Angaben machen. Folgendes empfehle ich:

- **Geben Sie an, in welchen Bereichen Sie Unterstützung suchen.**

- **Konkretisieren Sie Ihre Interessen und Kontaktwünsche.**

- **Zählen Sie auf, was Sie beruflich zu bieten haben.**

Sie veröffentlichen damit Ihre sogenannte „Netzwerk-Botschaft" (später mehr dazu). Alles was darüber hinausgeht, bleibt auch hier Ihrem persönlichen Ermessen geschuldet.

Haben Sie schließlich Ihre beiden Konten eröffnet (wenn Sie diese nicht sowieso schon hatten), sollten Sie anfangen, aktiv zu werden. So ist es z.B. bei Xing möglich, Kontaktanfragen zu stellen. Die Ideen dazu haben Sie sich ja schon erarbeitet:

> **Suchen Sie die in Ihrer Datenbank gelisteten Namen, klicken Sie diese an und laden Sie sie in Ihr Netzwerk ein.**

Sicher werden Sie die Mehrheit aller Personen finden. Wenn nicht bei Xing, dann eben bei Facebook.

Im Übrigen sind in allen Online-Netzwerken auch Firmenprofile zu finden. Entdecken Sie ein passendes Unternehmen, das noch nicht in Ihrer Datenbank auftaucht, können Sie eine neue KONTAKTIDEE anlegen bzw. sich schnell Zusatzinformationen einholen.

Nachdem Sie alle Namen aus Ihrer Datenbank angesprochen haben, lassen Sie sich treiben und surfen einfach ein bisschen umher.

> **Lassen Sie Ihrem Spieltrieb freien Lauf.**

Wichtig ist nur eines: Sie sollten nicht auf die Idee kommen, einfach abzuwarten. Die Legende, dass in Online-Communities maßgebliche Entscheidungsträger nach Personal suchen oder gar noch wichtigere Headhunter unterwegs sind, ist eher als Marketingaussage der Netzwerkbetreiber aufzufassen. Natürlich wird es diese Kontakte auch geben, sie sind jedoch zumindest in Ihrer „Startphase" eher die Ausnahme. Vielmehr liegt es an Ihnen, was Sie aus Ihrem Online-Netzwerk machen. Anfänglich werden eher selten interessante Personen auf Sie zukommen. Vielmehr ist Ihr aktives Engagement gefragt:

> **Warten Sie nicht lange ab, sondern stellen Sie regelmäßig einige Kontaktanfragen bei noch unbekannten Personen.**

Dazu benötigen Sie jedoch eine kleine schriftliche Begründung. Klicken Sie niemals fremde Leute an, ohne gleichzeitig ein bis zwei Zeilen zu schreiben. Es gibt unendlich viele Anlässe, warum Sie den Kontakt wünschen könnten. Meist erhalten Sie eine positivere Resonanz auf Ihre Kontaktanfragen, wenn Sie folgendermaßen vorgehen:

Achten Sie auf Gemeinsamkeiten und sprechen Sie diese an.

Sie könnten z.B. in der gleichen Branche tätig sein. Vielleicht gibt es auch andere Überschneidungen zwischen Ihrem Profil und der entsprechenden Person. Oder Sie gehen den bereits erwähnten Weg und formulieren ganz direkt, was Sie von Ihrem Gegenüber wollen. Dies ist natürlich auch in Ordnung. Haben Sie ruhig den Mut, nicht lange um den heißen Brei zu reden. Wenn Sie beispielsweise den nächsten Karriereschritt machen möchten, dann fragen Sie die entsprechende Person, ob sie Möglichkeiten sieht, Ihnen behilflich zu sein. Vielleicht hat das Gegenüber zufällig passende Informationen parat oder kann Ihnen Firmen und Ansprechpartner nennen. Wenn nicht, auch kein Problem. Fragen kostet nichts. Aber ab und zu gibt es auch Volltreffer.

Lassen Sie sich einfach etwas einfallen. Sie können auch ein paar Experimente starten, welche Begründungen für Ihre Kontaktanfrage speziell in Ihrer Situation am besten ziehen. Wie gesagt, entdecken Sie Ihren Spieltrieb.

Im Allgemeinen sollten Sie immer bedenken, dass die Online-Kommunikation per se grundsätzlich knapp zu halten ist. Zahllose Nachrichten oder ganze Romane lesen zu müssen, kann für andere durchaus nervig sein. Falls Sie Wünsche haben, die nicht kurz und bündig formulierbar sind, können Sie auch fragen, ob Sie einmal anrufen dürfen. Dies ist durchaus nicht unüblich.

Das ganze Thema könnte ohne Weiteres mehrere Bücher füllen. Ich halte mich dennoch zurück und bin hier nur auf das Wichtigste eingegangen. Dies hat seinen triftigen Grund! Ich möchte den Online-

Netzwerken nicht mehr Bedeutung zukommen lassen, als es unbedingt notwendig ist.

> **Facebook und Xing sind unverzichtbare Instrumente für das Networking, verleiten aber auch zu Bequemlichkeiten.**

Das Netzwerken in Online-Communities kann durchaus fesselnd sein. Es besteht aber die Gefahr, dass man diesem Instrument mehr Bedeutung beimisst, als es gesund ist. Schnell kann der Bildschirm zu einem Lebensmittelpunkt werden. Man wird sozusagen von diesen „Neuen Medien" überrumpelt. Irgendwann produziert man das Gegenteil von dem, was man ursprünglich vorhatte. Man entfernt sich von Menschen, anstatt seine gesellschaftliche Integration zu erhöhen.

> **Am Bildschirm allein sind noch nie Verbündete entstanden.**

Falls Sie anfänglich viel mit dem Internet arbeiten möchten, ist dies noch lange kein Problem. Sie dürfen lediglich ein bestimmtes Ziel nicht aus den Augen verlieren. Ihre virtuellen Kontakte müssen Sie früher oder später auch persönlich kennenlernen. Spätestens in der zweiten Stufe Ihres Netzwerkaufbaus, der „Pflegephase", sollte dies erreicht werden. Bevor wir dazu kommen, ziehe ich noch ein Fazit.

2.4 Fazit

Schließen wir nun die „Startphase" ab. In letzter Konsequenz besteht sie nur aus Fleißarbeit:

1. Status quo bestimmen.

2. Kontaktaufnahme und Kategorisierung.

3. Datenbank erstellen.

4. Neue Personen kontaktieren und hinzufügen.

Mit welchem Tempo Sie dies bewerkstelligen, bestimmen Sie. Möchten Sie Ihre „Startphase" jedoch maßgeblich beschleunigen, sollten Sie sich in der Hauptsache auf die „Empfehlungsnahme" konzentrieren. Gemäß nach dem Motto „Kontakte schaffen Kontakte". Aber auch mit den anderen vorgestellten Varianten, um neue Menschen kennenzulernen, werden Sie sich schnell eine große Adressensammlung aufbauen können.

Im Prinzip erarbeiten Sie sich nur die Basis für die eigentliche Netzwerkarbeit. Je mehr Verbündete Sie später entwickeln möchten, umso breiter muss Ihr Fundament sein. Es versteht sich von selbst, dass Sie nicht mit allen Kontakten ein Vertrauensverhältnis entwickeln können. Ich gebe Ihnen dazu ein paar Erfahrungswerte:

- Aus 500 ersten KONTAKTIDEEN entstehen ca. 100 POSITIVE KONTAKTE.

- Aus 100 POSITIVEN KONTAKTEN entwickeln sich ca. 10 BEKANNTE.

- Aus 10 BEKANNTEN ergibt sich meist 1 VERTRAUTER.

Je nachdem wie sehr Sie Ihre Soziabilität entwickeln möchten, werden sich Ihre persönlichen Werte positiver darstellen. Sie können aber auch schon jetzt eine kleine Prognose wagen, schließlich haben Sie in Ihrer Vergangenheit schon genug mit Menschen interagiert.

Was hat sich denn ergeben, als Sie zu Beginn dieses Kapitels Ihren Status quo bestimmt haben?

	Meine persönliche Soziabilität
Wie viele Menschen habe ich in der Stoffsammlung insgesamt eingetragen?	
Wie viele davon sind lediglich POSITIVE KONTAKTE?	
Wie viele sind gute BEKANNTE?	
Wie viele sind echte VERTRAUTE?	

In der Regel dürfen sich die meisten über ein bis zwei echte Freunde (Verbündete, Vertraute) erfreuen. Dies ist nicht unbedingt deshalb der

Fall, weil solche Freundschaften eine Seltenheit sind. Vielmehr liegt es an der niedrigen Quote, wie viel Erstkontakte notwendig sind, bis schließlich Freunde entstehen. Lernt man nicht genug Menschen kennen, liegt es in der Natur der Sache, dass am Ende auch zu wenige Verbündete zur Verfügung stehen.

Ohne eine ausreichende Anzahl von Verbündeten kann aber das ausgestorbene Großfamilien-Modell niemals kompensiert werden. Ganz zu schweigen davon, dass wir mittlerweile auch nicht mehr auf zig „Vetter" zurückgreifen können, die unser Berufsleben fördern.

Falls Sie derzeit ein Lebenskonzept verfolgen sollten, das ohne Ausnahme aus arbeiten gehen und Familienleben besteht, wäre dies sicher sehr ehrenwert. Damit würden Sie aber zeitliche Prioritäten setzen, die eigentlich noch aus dem letzten Jahrhundert stammen.

In nahezu allen Lebensbereichen würde Ihnen heute Unterstützung fehlen: Spätestens dann, wenn beispielsweise eine Kündigung droht, Sie bezahlbaren Wohnraum suchen oder Sie erfahren, dass Ihre Hausbank ab Montag für immer geschlossen bleibt. In diesen und vielen weiteren Situationen würde Ihnen auffallen, ob Sie bisher ausreichend offen waren, für neue Bekannte.

Um niemals in eine solche Lebenslage zu geraten, können Sie frühzeitig die richtigen Weichen stellen: Je mehr Menschen Sie in der „Startphase" ansprechen, umso mehr Verbündete werden entstehen.

> **Setzen Sie Prioritäten, um eine großzügige Basis für Ihr zukünftiges soziales und berufliches Netzwerk zu schaffen.**

Gehen wir nun weiter zur nächsten Netzwerkphase. Sie haben sicher bemerkt, dass in der „Startphase" eher eine quantitative Vorgehensweise vorherrscht. Ihre Aktivitäten ähneln eher dem Anwenden von Techniken. Damit sollte nun Schluss sein. In der zweiten Netzwerkphase muss der Übergang von Quantität zu mehr Qualität im Beziehungsaufbau vorbereitet werden. Das eigentliche Networking beginnt nun.

3 Pflegephase

Das Hauptziel der „Startphase" war, sich eine erste Datenbank aufzubauen. Sie recherchierten Arbeitgeber, sammelten Personennamen und stellten den ersten Kontakt her. Sie waren grundsätzlich offen, neue Menschen kennenzulernen.

Damit sollten Sie natürlich niemals aufhören. Entdecken Sie interessante Personen oder Firmen, die sich bisher noch nicht in Ihrer Adressensammlung befinden, dann seien Sie weiterhin neugierig auf neue Kontakte, sammeln Sie Visitenkarten, stellen Sie Kontaktanfragen in Ihrer Online-Community oder fügen Sie auf sonstige Art und Weise Ihrem Netzwerk neue Teilnehmer hinzu.

In der „Pflegephase" hingegen haben Sie sich um diejenigen Personen zu kümmern, die Sie in der „Startphase" in Ihr Netzwerk aufgenommen haben. Jetzt müssen Ihre Kontakte erst einmal gepflegt werden, bis daraus bessere Beziehungen entstehen können.

Dabei ist eine kleine Herausforderung zu meistern. Sie werden zu Anfang Ihres Netzwerkaufbaus nie genau wissen, bei welchem Kontakt im Einzelnen sich Ihr Engagement lohnt. Daher sollten Sie immer damit rechnen, dass so mancher vermeintlich ‚unbedeutender Kontakt' einmal eine maßgebliche Rolle in Ihrer Zukunft spielen könnte. Treffen Sie also nicht zu früh irgendwelche Entscheidungen, um wen Sie sich besonders kümmern möchten. Sie würden sich einem wichtigen Netzwerkeffekt verschließen:

Unterstützung und wichtige Informationen kommen meist aus einer völlig anderen Richtung, als man im Vorfeld vermutet.

Hüten Sie sich also davor, zu kurzsichtig ans Werk zu gehen. Sie brauchen sich keine Sorgen zu machen, dass Sie Ihre Zeit verplempern oder sich vergeblich bemühen. Ich verspreche Ihnen, Sie werden früher oder später fürstlich entlohnt werden. Denn es gilt immer die Grundregel „Geben & Nehmen". Oder anders formuliert:

> **Networking lebt vom Prinzip „Geben & Bekommen".**

Das heißt, wenn Sie ausreichend säen, werden Sie später auch entsprechend ernten können. Falls Sie Ihre Kontakte angemessen pflegen, wird sich das im Ergebnis Ihres Netzwerkaufbaus deutlich bemerkbar machen. Jeder erfahrene Networker wird Ihnen bestätigen, dass Folgendes passieren wird!

> **Geben Sie viel, werden Sie auch viel zurückbekommen.**

Viele Leserinnen und Leser werden im Übrigen dieses Grundgesetz vehement bestreiten. Viele haben schon die Erfahrung gemacht, dass sie manchen Menschen außerordentlich viel gegeben haben, aber niemals etwas zurückerhielten. Irgendwann fühlten sie sich ausgenutzt und stellten jegliches Engagement ein. „Es würde sich sowieso nie auszahlen", hört man dann.

Diese Erkenntnis ist mehr oder weniger richtig! Und jetzt sollten Sie aber sehr genau weiterlesen! Aber nur dann, wenn man das Prinzip „Geben & Bekommen" isoliert, d.h. auf eine einzelne Person bezogen, betrachtet. Das bedeutet, Sie werden auf jeden Fall Situationen erleben, in denen einige Kontakte durch Sie mehr Vorteile haben als umgekehrt. Dennoch erhalten Sie einen Ausgleich – nur eben nicht durch denselben Menschen. Die Entschädigung für Ihre Mühen erfolgt nämlich durch andere Personen. Sie engagieren sich um den einen, aber ein ganz anderer gibt Ihnen alles wieder zurück. In der Gesamtbetrachtung geht die Rechnung also wieder auf. Insgesamt profitieren Sie sogar oft mehr, als andere von Ihnen.

> **Das Prinzip „Geben & Bekommen" gilt nur dann, wenn Sie Ihr gesamtes Netzwerk in der Summe betrachten!**

Vertrauen Sie bitte auf dieses elementare Grundgesetz. Es ist eine der wichtigsten Regeln, die in der „Pflegephase" zu beachten ist. Das heißt, Sie dürfen das Prinzip „Geben & Bekommen" niemals auf einzelne Kontakte projizieren.

Mir ist bewusst, dass diese Aussage für Sie im ersten Moment ziemlich unlogisch klingen mag. Vielleicht hat es auch etwas mit der „ausgleichenden Gerechtigkeit" zu tun. Machen Sie einfach Ihre eigenen Erfahrungen. Sie werden garantiert positiv überrascht sein.

Die meisten Menschen wissen nichts von diesem grundlegenden Prinzip. Sie rechnen auf und sie sind der Meinung, dass jedes Bemühen ein gewisses Gegenengagement auslösen müsse. Das sind dann die Leute, die beispielsweise zu einem Getränk einladen, aber unausgesprochen bei der nächsten Bestellung eine Gegeneinladung erwarten. Das sind dann keine Einladungen, sondern eher Geschäfte, die man mit dem Gegenüber machen möchte.

Personen, die als ,aufrechnende Geschäftemacher' unterwegs sind, zahlen einen hohen Preis. Sie werden immer wieder enttäuscht werden. Irgendwann geben sie dann frustriert auf und stehen auf dem Standpunkt, es wäre völlig sinnlos, sich für andere zu engagieren. Es kommt eh nichts zurück. Solche Unwissenden vegetieren dann als unnahbare Persönlichkeiten dahin. Sie legen sich ein negatives Menschenbild zu und sind permanent auf der Hut, um nur nicht zu viel zu geben.

Sie sollten in Ihrem Leben nicht so kurzsichtig agieren. Ab jetzt wissen Sie Bescheid! Das Kümmern um andere wird sich immer auszahlen. Sie wissen nur eines nicht – aus welcher Richtung Ihr Engagement belohnt wird. Kurzum:

> **Rechnen Sie Ihr Engagement niemals auf, wenn es um einzelne Personen geht.**

Dieter L. Schmich

Versuchen Sie eine Vogelperspektive einzunehmen. Früher oder später erhalten Sie alles mit Zinseszins zurück. Vertrauen Sie darauf, dass Sie auf dem richtigen Weg sind. Leben Sie in der „Pflegephase" am besten nach folgendem Motto:

> **„Ich zeige Engagement, weil ich es für mich so entschieden habe und nicht, weil ich eine positive Reaktion erwarte."**

Selbstverständlich hat das Kümmern auch seine Grenzen. Sie können sich darauf verlassen, dass sich Ihr gesunder Menschenverstand rechtzeitig einschalten wird. Ihnen wird auffallen, wenn Sie im Übermaß ausgenutzt werden und aus sonstigen Gründen ein weiteres Bemühen zwecklos ist. Vertrauen Sie auf Ihre Intuition!

Lange Rede, kurzer Sinn: In der „Pflegephase" sind noch Aktivitäten Ihrerseits erforderlich, bevor Sie ernten dürfen. Verbündete entstehen in der Regel nicht von heute auf morgen.

Es gibt viele Möglichkeiten, seine Kontakte zu pflegen. Auf folgende, effektive Varianten gehe ich näher ein:

1. Hilfe anbieten

2. Sich regelmäßig melden

3. Vier-Augen-Gespräche

4. Publizieren

5. Events initiieren

Starten wir mit dem Thema, das am engsten mit dem Grundgesetz „Geben & Bekommen" korreliert.

3.1   Hilfe anbieten

Wie bereits empfohlen, sollten Sie selbst Ihr Engagement nicht aufrechnen. Aber viele andere tun dies schon. Dies gilt insbesondere dann, wenn Hilfestellung gewährt wird. Auf diese Weise konnte ein unausgesprochener Verhaltenskodex entstehen, an den sich viele Menschen halten: Das Prinzip der ‚gegenseitigen Gefälligkeiten'.

> **Nutzen Sie die wertvolle Chance, wenn Sie einmal um Hilfe gebeten werden.**

Und wenngleich auch die Wahrscheinlichkeit hoch ist, dass man sich bei Ihnen entsprechend revanchieren wird, sollten Sie – aus den erwähnten Gründen – darauf verzichten, auf diese Gegenleistung zu pochen. Sie wissen jetzt, dass Sie früher oder später aus irgendeiner anderen Richtung belohnt werden.

Vielmehr sollten Sie es sich zum Lebensmotto machen, anderen zu helfen. Hilfsbereitschaft ist vielleicht das edelste Image, was man sich je im Leben erarbeiten kann. Falls Sie sich ein wenig schwertun, eine etwas selbstlosere Lebenshaltung einzunehmen, denken Sie immer an das Grundgesetz „Geben & Bekommen".

Es gibt aber auch einen darüber hinausgehenden Grund, warum sich Hilfsbereitschaft in der Endabrechnung immer lohnen wird.

> **Dankbarkeit ist einer der mächtigsten Bindungsfaktoren zwischen Menschen.**

Wenn Sie über ein Netzwerk verfügen, dass in der Hauptsache auf Dankbarkeit beruht, weil Sie jedem schon einmal unter die Arme gegriffen haben, werden Sie nie mehr ohne Unterstützung dastehen.

In der Summe gibt es also zahlreiche Argumente, anderen zu helfen: Sie befolgen nicht nur das Grundgesetz „Geben & Bekommen" und erarbeiten sich einen ehrenwerten Ruf, sondern Sie werden zudem noch von Dankbarkeit profitieren. Dies sind doch echte Vorteile für Sie, nicht wahr? Das heißt doch, dass Hilfsbereitschaft eigentlich gar nicht so uneigennützig sein muss, wie von vielen angenommen:

> **Allein der Egoismus begründet schon die Notwendigkeit der Hilfsbereitschaft als Lebensmotto.**

Jetzt werden Sie auch verstehen, dass mit Hilfsbereitschaft auch viel Schindluder getrieben wird. Die Vorteile, die man dadurch erzielen kann, sind nun mal immens. Deshalb möchte ich an dieser Stelle ausdrücklich darauf hinweisen, dass das Ganze auch zu einer gefährlichen Gratwanderung mutieren kann. Alle Fälle von Korruption oder unerlaubter Vorteilsnahme beruhen letztendlich auf dem Prinzip der ‚gegenseitigen Gefälligkeiten‘. Ihnen ist sicher auch die Redewendung „Eine Hand wäscht die andere" bekannt. Selbstverständlich werden Sie auch davon profitieren. Doch wo hört Hilfsbereitschaft auf und wann beginnt Bestechung? Diese Frage werden Sie sicher beantworten können. Ihre Lebenserfahrung und vor allem Ihr Gewissen werden Ihnen dabei helfen, die Grenzen zu erkennen. Dennoch ist unbestritten, dass die mächtigsten Netzwerke in der Politik oder Wirtschaft exakt nach diesem Muster funktionieren.

Zurück zur Hilfsbereitschaft ohne Hintergedanken. Vertrauen Sie einfach auf die hinlänglich erläuterten Effekte:

> **Wenn Sie behilflich sind, Wünsche anderer zu erfüllen, so werden auch Ihre eigenen in Erfüllung gehen.**

In der Endabrechnung werden also auch Sie Ihren Schnitt machen – versprochen!

Im Übrigen werden Sie nur dann anderen einen Gefallen erweisen können, wenn Sie auch Gelegenheit dazu bekommen. Dafür ist es hilfreich, regelmäßig mit Ihrem Netzwerk in Kontakt zu stehen.

3.2   Sich regelmäßig melden

Sich hin und wieder zu melden, stellt ein Mindestmaß an Höflichkeit dar. Dies gilt insbesondere für diejenigen Kontakten, die Sie bei Ihrer Status quo-Bestimmung bereits zu BEKANNTEN und VERTRAUTEN hochgestuft haben.

Es werden in Ihrer Datenbank aber auch Ansprechpartner sein, bei denen Sie über einen eher oberflächlichen Kontakt noch nicht hinausgekommen sind. Manche werden Sie auch noch nicht persönlich gesehen haben. Mit diesen Personen hatten Sie in der Vergangenheit lediglich per E-Mail, Telefon oder über Ihr Online-Netzwerk kommuniziert. Ihr Ziel muss aber sein, jeden zumindest einmal persönlich gesprochen zu haben. Dieses Vorhaben können Sie mit dem sich regelmäßig melden, sehr schön vorbereiten.

Unabhängig davon, ob Sie den einen oder anderen Kontakt noch nie getroffen haben oder Sie nur die Beziehungsqualität mit einzelnen Kontakten erhöhen möchten, gilt Folgendes:

> **Regelmäßig den Kontakt aufzunehmen, zeigt Interesse und schafft Vertrauen.**

Einmal davon abgesehen, dass sich daraus auch hochinteressante Gespräche entwickeln können, ergeben sich weitere Vorteile:

- **Man erfährt, wie und wo man Hilfe leisten kann.**
- **Lückenhafte Datensätze können vervollständigt werden.**
- **Man bereitet den Boden für glückliche Zufälle, um wichtige Informationen oder Inspirationen zu erhalten.**

Es sind also Anlässe zu finden, um unverfänglich Kontakt aufnehmen zu können. Zudem sollte der Zeitaufwand nicht zu hoch sein, schließlich kann Ihr Netzwerk schnell auch auf Hunderte von Kontakten anschwellen. Beispielsweise erfüllen Geburtstagsgrüße sehr effektiv diese Kriterien.

Geburtstagsgrüße

Haben Sie dieses Datum für eine Person noch nicht parat, eröffnet sich ein guter Grund, sich unverbindlich zu melden. Sprechen Sie denjenigen bzw. diejenige an und geben ruhig zu, dass Sie gerade dabei sind, Ihr Adressbuch zu vervollständigen (Achtung bei Damen: Ab einem bestimmten Alter bitte nur noch nach Tag und Monat fragen).

Komplementieren Sie Ihre Datenbank mit den Geburtstagen.

Danach müssen Sie sich ein System überlegen, damit Sie keine Geburtstage vergessen. Sie sollten sich die Mühe machen, wirklich allen Kontakten zu gratulieren. Mir ist bewusst, dass dies heißen kann, täglich Glückwünsche aussprechen zu müssen. Falls Ihnen das zu viel Aufwand sein sollte, können Sie zur Not auch nur einer ganz bestimmten Kontaktkategorie gratulieren.

Natürlich möchte ich mich nicht einmischen, wie intensiv Sie Ihre Netzwerkbemühungen vorantreiben möchten. Dennoch empfehle ich, tatsächlich allen Kontakten Glückwünsche zu übermitteln. In Zeiten von Internet, E-Mail und SMS sind das nur Sekunden, die Sie von Ihrer wertvollen Zeit investieren müssen.

In Relation zum zeitlichen Aufwand sind Geburtstagswünsche die effektivste Variante der Kontaktpflege.

Es ist meist nur eine Frage der Disziplin, ein Erinnerungssystem aufzubauen und sich daran auch zu halten. Folgende Möglichkeiten sind denkbar:

- **Kalender mit den Eintragungen auf die Toilette hängen**
- **Wiedervorlagemappe**
- **Erinnerungsfunktion in MS Outlook**
- **Xing-Benachrichtigungen per E-Mail**
- **etc.**

Natürlich ist die Richterskala des Engagements nach oben hin offen. Sie können es bei einem kurzen Glückwunsch per E-Mail oder Telefon belassen. Aber auch Postkarten oder kleine und große Präsente sind möglich. Machen Sie es einfach davon abhängig, in welcher Beziehung Sie zu der betreffenden Person stehen (oder später stehen möchten). Ich setze voraus, dass Sie das Gesetz der Verhältnismäßigkeit beachten. Es versteht sich von selbst, dass Sie sich bei bestimmten Kontakten verdächtig machen würden, wenn Sie mit großartigen Geschenken aufwarten, ohne in einem entsprechenden Verhältnis zum Gegenüber zu stehen.

Wenn Sie sich an die Geburtstage halten, haben Sie im Übrigen die Sicherheit, dass Sie sich bei jedem zumindest einmal im Jahr gemeldet haben. Möchten Sie die erwähnten Vorteile des sich regelmäßigen Meldens ein zweites Mal im Jahr nutzen, eignen sich zusätzlich noch Weihnachtsgrüße.

Frohe Weihnachten und guten Rutsch

Ich empfehle Ihnen, sich Grüße zu Weihnachten und Silvester zu einem Pflichttermin zu machen. Das heißt, Sie setzen sich einmal im Jahr hin und investieren die Zeit, um auf eine persönliche Art und Weise „Frohe Weihnachten und einen guten Rutsch" zu wünschen.

Die Betonung liegt auf ‚persönlich'! Oft sind die meisten Menschen zu bequem, sich entsprechend Zeit freizuschaufeln. Dann werden zu Weihnachten Sammel-SMS oder Massen-E-Mails per Bcc versendet. Solche Spams können Sie sich sparen. Insbesondere im Businessbereich sind solche nervenden Aktionen zur Regel geworden. Das heißt, mit diesen Pauschal-Aktivitäten laufen Sie mittlerweile sogar Gefahr, Ihre Kontakte zu vergraulen. Stellen Sie sich doch selbst einmal die Frage, ob Sie sich freuen, wenn Sie bemerken, dass Sie eine/r unter Vielen sind. Sicher sind Sie nicht begeistert darüber, wenn Leute schlicht zu faul waren, an Sie persönlich ein bis zwei Zeilen zu richten. Im Prinzip hat sich Ihr Gegenüber in diesem Fall klar geoutet, dass Sie ihm mehr oder weniger egal sind. Zumindest nicht so wichtig, dass er es für nötig hielte, ein paar Sekunden seiner Zeit Ihnen zuliebe zu investieren, um zumindest die Anrede zu personifizieren.

Wenn die übrige Masse derart lieblose Weihnachtswünsche versendet (wenn überhaupt), kommt Ihnen dies im Übrigen sehr entgegen. Sie können sich maßgeblich abheben:

> **Mit persönlichen Weihnachtswünschen werden Sie beachtliche Netzwerkerfolge erzielen.**

Sie haben richtig gelesen: „Beachtliche Netzwerkerfolge". So einfach geht das. Sie werden ein Exot sein. Falls Sie das Ganze per E-Mail oder SMS erledigen, ist es schon ausreichend, Ihren Kontakt mit Namen anzusprechen. Damit haben Sie bereits den Beweis erbracht, dass es eben keine bequeme Sammelnachricht ist.

Ob Sie nur den Namen in der Anrede austauschen oder noch mehr Persönliches hinzufügen möchten, das bleibt wieder Ihnen überlassen. Zwei bis drei individuelle und vor allem persönliche Zeilen bewirken aber meist Wunder.

Beispiel:

Herr Q. vereinbarte einen Trainingstermin für Vorstellungsgespräche. Seit zwei Jahren war er bei einem Pkw-Vertragshändler als Juniorverkäufer beschäftigt. Obwohl es für Herrn Q. keinen konkreten Anlass gab, hatte er von Beginn an die Befürchtung, dass sein Arbeitsplatz gefährdet sein könnte. Der Niederlassungsleiter gab ihm zwar stets gute Beurteilungen. Seine Verkaufszahlen waren ebenfalls überdurchschnittlich. Zudem galt er bei der Belegschaft als fachlich kompetent und war beliebt. Allerdings beobachtete er mit Argwohn, dass das Autohaus die Stellen ausscheidender Mitarbeiter nicht mehr neu besetzte. Stattdessen wurde das Personal mit immer mehr Auszubildenden und Praktikanten aufgefüllt. Einige Aufgaben wurden sogar an externe Dienstleister ausgelagert.

Deshalb blieb Herr Q. vorsichtshalber mit den meisten Unternehmen in Verbindung, mit denen er vor zwei Jahren während seiner Jobsuche Kontakt hatte. Sicher ist sicher, dachte er. Er hatte schon kurz nach seiner damaligen Bewerbungsphase begonnen, jedes Jahr diesen

Ansprechpartnern schöne Ostern und frohe Weihnachten zu wünschen.

Er verzichtete konsequent auf E-Mails per Blindcopy oder auf Sammel-SMS. Er wusste nur zu gut, dass er sich selbst immer wieder über solche pauschalen Nachrichten ärgerte. Insbesondere bei Menschen, die er sehr schätzte, war er oft enttäuscht, dass sie sich nicht die Mühe machten, ihm persönlich etwas zu schreiben. Er selbst nahm sich deshalb jedes Jahr die Zeit, um zumindest jedem die Aufmerksamkeit einer persönlichen Anrede zu schenken. Obwohl dies jedes Mal einen ganzen Abend benötigte, verzichtete er niemals darauf. Zweimal im Jahr könne man sich diese Arbeit machen, sagte er zu sich selbst. Und er behielt recht.

Eines Tages erhielt er eine E-Mail von einer Personalreferentin eines asiatischen Autobauers. Herr Q. hatte sich dort vor wenigen Jahren beworben, allerdings erhielt er damals nicht den Zuschlag. Jetzt erkundigte sich die Personalerin nach seiner aktuellen Anstellung und fragte, ob er an einer beruflichen Verbesserung interessiert sei. Sie vereinbarten einen Telefontermin, um alles Weitere zu besprechen. Zugleich erwähnte die Personalerin, dass sie sich jedes Jahr über die netten Oster- und Weihnachtswünsche gefreut habe und sie sei angenehm überrascht gewesen, dass diese stets mit persönlicher Ansprache versendet worden waren.

Zwei Wochen später wurde Herr Q. zu einem Vorstellungsgespräch eingeladen. Drei Monate später ging er einem neuen Job nach. Diesmal als Verkaufsleiter.

Zugegeben, diese Weihnachtsaktion kostet Sie einen kompletten Winterabend (vielleicht auch zwei). Aber auch nicht mehr. Sich einmal im Jahr diese Mühe zu machen, das ist sicher nicht zu viel verlangt. In Relation zu den positiven Reaktionen, die sie bewirken werden, ist dies nahezu ein lächerlich kleiner Aufwand. Sie werden aus der Masse herausragen.

Ist Ihnen jemand besonders wichtig, können Sie auch die gute alte Weihnachtskarte per Post versenden. Im digitalen Zeitalter ist das mittlerweile ein echtes Highlight geworden. Diese Idee, ab und zu auf

Dieter L. Schmich

nostalgische Kommunikationsmittel zu setzen, können Sie auch in Ihrem Urlaub nutzen.

Urlaubskarten

Solche erfrischenden kleinen Aufmerksamkeiten sind mittlerweile nahezu ausgestorben. Aktivieren Sie sie wieder. Ich kenne niemanden, der sich nicht wie ein kleines Kind freut, wenn er mal wieder eine echte Urlaubskarte erhält. Auch dies kostet Sie sicher ein bis zwei Stunden Ihrer wertvollen Urlaubszeit – ich weiß. Überlegen Sie dennoch, ob Sie nicht so manchem Kontakt eine solche Freude bereiten möchten. Ich garantiere Ihnen, dass Sie von nahezu allen Angeschriebenen ein Feedback erhalten. Dies ist die angenehmste Form des Networkings, wenn die Menschen den Kontakt zu Ihnen aufnehmen, anstatt umgekehrt.

Um Rat fragen

Manchmal gibt es aber auch Situationen, in denen Sie nicht ein halbes Jahr warten möchten, um einen Grund zu finden, sich wieder zu melden. In diesen Fällen können Sie sich auch mit Fragestellungen spontan an Leute wenden.

Je nachdem, wen Sie um Rat fragen, gehört auch ein wenig Mut dazu. Bei *BEKANNTEN* ist dies sicher weniger problematisch, als bei *POSITIVEN KONTAKTEN*. Überwinden Sie bitte Eitelkeiten. Insbesondere bei noch etwas ‚fremden' Personen ist dies mehr als lohnend. Erfahrungsgemäß können Sie damit oft das Eis brechen.

Um Rat fragen zollt Respekt und zeigt zugleich Interesse.

Ihr Ansprechpartner fühlt sich geschmeichelt und wird sich Ihnen gegenüber mehr öffnen. Zudem kann es sehr inspirierend sein, sich zahlreiche Meinungen einzuholen.

Nutzen Sie für solche Aktivitäten eher E-Mails oder die Nachrichten-funktionen von Online-Netzwerken. Damit überlassen Sie dem Gegenüber die Entscheidung, zu welchem Zeitpunkt er sich mit Ihrem Anliegen auseinandersetzen möchte.

Neuigkeiten übermitteln

Wenn es Neuigkeiten zu melden gibt, ist das eine weitere Variante, um einen Grund zu finden, sich wieder einmal zu melden:

> **Ändern sich Ihre Adresse oder Kontaktdaten, sollten Sie dies zum Anlass nehmen, von sich hören zu lassen.**

Sie können als Kontaktanlass aber auch andere Neuigkeiten übermitteln:

> *„Das könnte Sie auch interessieren, die Regierung hat gerade beschlossen, dass ..."*

Aber auch spezifische Fachinformationen könnten bestimmte Kontakte interessieren. Falls Sie etwas Entsprechendes entdeckt haben, gibt es einen guten Grund, eine Nachricht zu versenden:

> *„Ich habe gerade einen interessanten Artikel entdeckt. Da habe ich gleich an Sie gedacht. Ich hänge ihn meiner E-Mail einfach mal an."*
>
> *„Im Internet erschien heute .... Ich gebe Ihnen einfach mal den Link."*

Falls Sie viel in Online-Netzwerken agieren, ist es besonders wichtig, dass Sie beispielsweise einmal je Woche etwas veröffentlichen.

> **Posten Sie regelmäßig Beiträge oder interessante Links.**

Dafür eignen sich hervorragend entdeckte Fachartikel in der Printpresse oder in Online-Medien. Grundsätzlich sollten Sie immer wieder einmal auf sich aufmerksam machen. Seien Sie kreativ.

Allmählich können Sie es dann auch langsam wagen, persönliche Treffen vorzuschlagen. Insbesondere bei denjenigen, mit denen Sie bislang nur telefonisch, per E-Mail oder über Ihr Online-Netzwerk kommuniziert haben.

3.3   Vier-Augen-Gespräche

Zum Ende der „Pflegephase" sollten Sie mit allen Ihren Kontakten mindestens einmal ein „Vier-Augen-Gespräch" geführt haben. Es ist daher am Anfang Ihres Netzwerkaufbaus besonders wichtig, jede Chance zu nutzen, um jemanden persönlich zu sehen. Manchmal ist schon ein einziges Gespräch ausreichend, um die gesamte weitere Kommunikation auf ein anderes Niveau zu heben.

> **Die grundlegende Voraussetzung für den Beziehungsaufbau ist, sich schon einmal persönlich getroffen zu haben.**

Sie erinnern sich sicher an meinen Tipp, ab und zu Testbewerbungen zu versenden. Entstehen daraus Vorstellungsgespräche, haben Sie ein solches „Vier-Augen-Gespräch" mit einem wichtigen Ansprechpartner automatisch arrangiert. Oft ist es dann nur noch nötig, einmal im Jahr Weihnachtswünsche zu senden, über Änderungen der Kontaktdaten zu informieren und sich vielleicht über Xing zu vernetzen.

Darüber hinaus sollten Sie in Ihren Online-Netzwerken besonders aufmerksam sein, wenn Ihre Kontakte Events oder sonstige öffentliche Veranstaltungen erwähnen. Vielleicht interessiert Sie das eine oder andere ebenfalls. Dann könnten Sie das Angenehme mit dem Nützlichen verbinden.

> **Nutzen Sie die Gelegenheit, wenn in Ihrem Online-Netzwerk Gruppentreffen oder Veranstaltungen angeboten werden.**

Bietet es sich darüber hinaus an, gemeinsam einen Kaffee oder Tee zu trinken, sollten Sie diese wertvolle Chance ergreifen:

Seien Sie immer offen für eine kurze Tasse Kaffee oder Tee.

Es gibt Networker, die ausschließlich über „Kaffee-Termine" außergewöhnliche Netzwerkerfolge erzielen. Sie führen ein abwechslungsreiches Leben, holen sich permanent Inspirationen und profitieren von einem nie endenden Informationsfluss. Ganz zu schweigen davon, dass sich ihre Verbindungen immer fester und vertrauensvoller entwickeln.

Ergeben sich Gelegenheiten für ein erstes Aufeinandertreffen, haben Sie im Übrigen auf einen geschäftsmäßigen Rahmen zu achten.

Betonen Sie im Vorfeld, dass das Treffen nur dazu dient, sich zumindest einmal persönlich gesehen zu haben.

Grundsätzlich sollten Sie immer durchblicken lassen, dass Sie auf lange Sicht in Ihrem Netzwerk keine virtuellen Kontakte dulden werden. Sie seien der Meinung, dass das persönliche Aufeinandertreffen die absolute Grundlage für Networking ist.

Um weiter Ihre harmlosen Absichten zu unterstreichen, können Sie auch eine Zeitvorgabe aussprechen:

„Haben Sie am Tag XY eine Stunde Zeit? Ich wäre da gerade in Ihrer Nähe."

„Was halten Sie von einem kurzen Kaffee. Ich hätte eine knappe Stunde Zeit. So könnte man sich zumindest einmal persönlich gesehen haben."

Im Prinzip machen Sie damit nichts anderes, als Kontaktängste oder sonstige Bedenken des Gegenübers zu zerstreuen. Zudem werden Sie in unserem, eher unnahbaren, Kulturkreis öfter die Erfahrung machen, dass viele sich überhaupt nicht vorstellen können, dass man ganz einfach Spaß daran hat, neue Menschen kennenzulernen. Dass man nur neugierig ist, weil man weiß, dass praktisch jeder neue Kontakt immer irgendwo auch inspirierend sein kann.

Um mögliche Vorbehalte auf der Gegenseite weiter zu zerstreuen, können Sie auch unverfängliche Uhrzeiten anbieten:

> **Bevorzugen Sie Termine tagsüber, beispielsweise in Ihrer Mittagspause oder im Anschluss an Ihren Feierabend.**

Diese Empfehlung gebe ich insbesondere den weiblichen Leserinnen. Es könnte durchaus missverstanden werden, wenn Sie sich regelmäßig bei einem männlichen Ansprechpartner melden und Sie darüber hinaus für persönliche Treffen offen sind. Auch hier ist Fingerspitzengefühl erforderlich. Machen Sie Ihre eigenen Erfahrungen. Sie werden feststellen, dass Sie schnell eine gewisse Routine entwickeln, wann welcher Rahmen einzuhalten ist.

Grundsätzlich gibt es aber auch Möglichkeiten, sich nicht direkt, sondern eher indirekt bei jemandem zu melden. Damit wären wir bei der vierten Pflegevariante.

3.4 Publizieren

Je nachdem, welche Berufstätigkeit Sie ausüben, kann es durchaus sinnvoll sein, Fachartikel oder ähnlich geartete Beiträge zu veröffentlichen. Falls Sie Spitzenpositionen anstreben (Managerebene, Geschäftsführung) oder sich als Experte für einen bestimmten Fachbereich (z.B. Controlling, Spezialverfahren, Vertrieb, Internationales Zollrecht, Kinderpädagogik, etc.) etablieren möchten, werden Sie um die Veröffentlichung von Texten nicht herumkommen. Dafür gibt es im Übrigen viele Plattformen.

Insbesondere in Business-Netzwerken, wie z.B. Xing, gibt es „Gruppen" und „Diskussionsforen". Dies sind praktisch kleine Netzwerke im großen Netzwerk. Dort verknüpfen sich Personen, die z.B. gemeinsame Interessen haben, in derselben Branche arbeiten oder in derselben Region leben. Solche „Gruppen" bieten hervorragende Foren, um von sich hören zu lassen. Dort können Sie Meinungen, Fachartikel, Stellungnahmen uvm. veröffentlichen. Aber auch direkt auf Ihrer persönlichen Startseite ist das Einstellen von Texten möglich.

> **Stellen Sie sicher, dass Ihre Kontakte ab und zu etwas von Ihnen zu lesen bekommen.**

Es gibt aber auch die Möglichkeit, einen eigenen Blog ins Leben zu rufen. Dafür benötigen Sie eine eigene Homepage. Heute kann jedermann schnell seine eigene Internetpräsenz schaffen (HTML-Kenntnisse sind nicht mehr notwendig). Es gibt zahlreiche Standard-Software, mit denen Sie kinderleicht alles auf die Beine stellen können. Aber auch Internetbetreiber und Telekommunikationsgesellschaften bieten heute Gesamtpakete an, in denen auch Baukästen für die eigene Homepage enthalten sind.

Natürlich können Sie auch darüber nachdenken, in Printmedien etwas erscheinen zu lassen. Dazu bieten sich beispielsweise Verbandszeitschriften oder offizielle Mitteilungsorgane von sonstigen Interessengruppen an.

3.5 Gastgeber sein

Ideal wäre es, wenn Sie ab und zu als Organisator eines Events fungieren würden. Dies können private Veranstaltungen, berufliche oder auch eine Mischung von beidem sein.

> **Treten Sie regelmäßig als Gastgeber auf.**

Im privaten Bereich spielen natürlich Geburtstagsfeiern, Grillpartys,

Frühstückstermine, Ausflüge, Konzertbesuche oder sonstige Events die Hauptrolle. Als Gastgeber sprechen Sie Einladungen aus. Sie können alle Kosten übernehmen, etwas beisteuern oder die Kosten auf alle Gäste verteilen. Je nachdem wie gefragt die von Ihnen angebotenen Anlässe sind. Falls Sie beispielsweise Konzertkarten besorgen können, die nicht so einfach zu bekommen sind, dann werden Ihre Gäste sicher bereit sein, den Eintrittspreis selbst zu bezahlen.

Darüber hinaus ist zu beachten, in welchem Verhältnis Sie zu wem stehen. Sicher erzeugen Sie auch Erstaunen oder sogar Misstrauen, wenn Sie einen eher weitläufigen POSITIVEN KONTAKT gleich zu Ihrer Geburtstagsfete einladen. Es ist also wieder Fingerspitzengefühl gefragt.

Grundsätzlich ist die Rolle des „Gastgebers" ein erfolgreiches Netzwerkinstrument. Sie nehmen eine höhergestellte Position ein, die auf Ihre Kontakte eher anziehend wirkt. Darüber hinaus gibt es einen entscheidenden Effekt für Ihr weiteres Networking:

> **Einladungen erzeugen meist Gegeneinladungen.**

Wenn Sie pro Jahr nur drei private Events veranstalten, zu denen jeweils 50 Personen erscheinen, könnten Sie in der Summe auf 150 Gegeneinladungen hoffen. Wenn sich nur jeder Dritte revangiert, würde sich nahezu jede Woche jemand bei Ihnen melden, um Sie zu einem Event einzuladen. Sie hätten jederzeit die Wahlfreiheit, wann und wo Sie alte Kontakte pflegen und neue kennenlernen möchten.

Es gibt sogar Networker, die nur einmal im Jahr eine wirklich große Fete schmeißen (Geburtstag, Hoffest, Sommerparty, Wintergrillen o.Ä.) und allein dadurch das ganze Jahr (fast täglich) mit Gegeneinladungen bombardiert werden. Zudem gilt auch Folgendes:

> **Auf privaten Events sind Unbekannte, die Sie kennenlernen möchten, weniger ängstlich oder misstrauisch.**

Das Netzwerken wird zum Kinderspiel. So mancher wertvolle Businesskontakt entstand, weil man gemeinsame private *BEKANNTE* oder *VERTRAUTE* hatte.

Selbstverständlich können Sie auch rein beruflich orientierte Events organisieren. Ein Business-Frühstück in einem Hotel oder einen Branchen-Stammtisch zu initiieren, sind denkbare Beispiele. Sie müssen aber nicht unbedingt als direkter Gastgeber auftreten. Wenn Sie z.b. interessante Fortbildungsmöglichkeiten recherchieren, sind Sie in der Lage, Ihr Netzwerk darauf hinzuweisen. Gleichzeitig bieten Sie an, die Organisation zu übernehmen.

Es gibt unzählige Varianten, als Gastgeber oder Organisator aufzutreten. Solche Rollen sind geradezu prädestiniert, um bei anderen nachhaltig im Gedächtnis zu bleiben. Zudem können Sie Ihr Engagement und Ihre Führungskompetenz unterstreichen. Grundsätzlich sollten Sie immer an eines denken:

> **Es wird oft sehr genau registriert werden, ob Sie nur von anderen Events nutzen oder selbst auch welche initiieren.**

Je nachdem, über welches Naturell Sie verfügen, kann das Organisieren von Veranstaltungen, Partys oder reinen Business-Treffen zu einem unterhaltsamen Schwerpunkt Ihrer Freizeitgestaltung werden.

3.6 Fazit

Regelmäßig etwas von sich hören zu lassen und „Vier-Augen-Gespräche" zu führen, sind die Hauptaktivitäten der „Pflegephase".

Selbstverständlich können Sie allen möglichen Menschen nette Grüße senden, sie zu Events einladen, ihnen Hilfe offerieren oder sich sonst wie engagieren. Wenn allerdings, auch nach wiederholten Versuchen, keine Feedbacks kommen, ist die Wahrscheinlichkeit hoch, dass Ihr Engagement gerade nicht erwünscht ist. Unabhängig davon, was die Ursachen dafür sind, sollten Sie sich vor voreiligen Reaktionen hüten.

> **Nur weil Sie gerade keine positiven Reaktionen erhalten, gibt es keinen Anlass, Ihren Kontakt voreilig zu löschen.**

Vielmehr können Sie Ihre Kategorisierung anpassen. Beispielsweise stufen Sie solche Kontakte wieder zu KONTAKTIDEEN herab. Vielleicht sind Sie später wieder bereit, einen Neustart zu wagen.

Im Übrigen gibt es auch nachvollziehbare Gründe, warum Ihre Pflegebemühungen auf keine Gegenliebe stoßen.

- **Ihr Gegenüber ist gerade in einer schwierigen Lebensphase und hat keine Motivation, überhaupt auf irgendetwas zu reagieren.**

- **Ihr Kontakt ist gerade in Urlaub, auf Geschäftsreise oder krank.**

- **Man hat schlicht vergessen, eine Reaktion zu zeigen.**

- **Sie versuchen einen Kontakt zu pflegen, der schüchtern oder überängstlich ist.**

Es gibt also zahlreiche weitere, harmlose Ursachen, warum es in der „Pflegephase" bei dem einen oder anderen Kontakt nicht klappt, Vertrauen aufzubauen. Machen Sie sich anfänglich nicht zu viele Gedanken. Sie müssen sich keine Sorgen machen, jemanden zu nerven. Sich ein paar Mal im Jahr zu melden, auf ein paar Events hinzuweisen oder ein Treffen vorzuschlagen, sind grundsätzlich sehr vorsichtige Pflegetechniken. Darüber hat sich noch nie jemand beschwert.

Unabhängig davon sollten Sie in der „Pflegephase" folgende grundsätzliche Ziele erreicht haben:

- **Sie haben Ihre Datensätze vervollständigt und die jeweiligen Kategorisierung angepasst (oder verfeinert).**

- **Sie haben sich mit allen Ihren Kontakten mindestens einmal persönlich getroffen.**

- **Sie waren hilfsbereit, haben Interesse gezeigt und Vertrauen aufgebaut.**

Es versteht sich von selbst, dass Sie nicht mit allen Kontakten gleichzeitig diese Ziele erreichen werden. Bei dem einen geht alles blitzschnell, bei anderen zieht sich alles ein wenig in die Länge. Wie sich was mit welcher Geschwindigkeit entwickelt, ist genauso unterschiedlich, wie das Wesen des Menschen selbst.

Haben Sie schließlich für das Gros Ihrer Kontakte alle genannten Bedingungen erfüllt, können Sie sich endlich der finalen Phase Ihres Netzwerkaufbaus widmen. Jetzt geht es endlich an das Ernten, schließlich haben Sie bis zu diesem Zeitpunkt ausreichend gesät.

4 Erntephase

In den ersten beiden Phasen Ihres Netzwerkaufbaus stand das Agieren Ihrerseits im Vordergrund. Vielleicht stellte sich dies aus Ihrer Sicht recht einseitig dar. Jedoch ist dies die unabdingbare Fleißaufgabe, die nun mal im Vorfeld beim Networking zu leisten ist. Allerdings kann ich Sie beruhigen:

> **Der Kraftakt ein soziales und berufliches Netzwerk neu aus dem Boden zu stampfen, ist nur einmal im Leben erforderlich.**

Je größer Ihr Netzwerk wird, umso einfacher wird sich alles ergeben. Alte Kontakte schaffen neue. Mehr Referenzen verringern den Aufwand des Vertrauensaufbaus und irgendwann werden Personen auch ohne Ihr Zutun auf Sie zukommen. Schließlich verselbstständigt sich Ihr Netzwerkaufbau. Das Tempo, wie Ihre Datenbank anwächst, erhöht sich. Gleichzeitig wird sich Ihr Netzwerk qualitativ verdichten. Das heißt, von manchen Personen werden Sie sich wieder abwenden, um sich im Gegenzug anderen mehr zu widmen. Dies wird ein permanenter Prozess sein. Ganz nach dem Aschenputtel-Prinzip: „Die guten ins Töpfchen, die schlechten ins Kröpfchen!"

Der anfängliche große Aufwand besteht eigentlich nur darin, dieses neue Beziehungsgeflecht erst einmal anzuschieben. Später brauchen Sie nur noch zu entscheiden, wen oder ob Sie überhaupt noch jemanden in Ihr Netzwerk aufnehmen möchten.

Damit Sie in diese komfortable Situation kommen, ist nun der letzte Schritt zu vollziehen. Quantitative Netzwerkbemühungen müssen nun vollständig in qualitative übergehen. Sie haben nun zu initiie-ren, dass man auch an Ihnen Interesse zeigt. Das heißt, die Aktivitäts-richtung, wer sich um wen bemüht, muss sich jetzt, nach der „Pflege-phase", endgültig drehen. Das ist das Ziel der „Erntephase":

> **Nachdem Sie sich um Ihre Kontakte bemüht haben, sollten nun Ihre Kontakte beginnen, sich um Sie zu bemühen.**

Nicht mehr Sie allein sollten sich wünschen, zu Ihren Kontakten in einem besseren Verhältnis stehen zu wollen, sondern auch Ihre Kon-takte sollten diesen Wunsch haben.

Im Übrigen ist dies genau der Knackpunkt beim Networking. Neue Personen anzusprechen, Kontakte zu sammeln, Firmen zu re-cherchieren oder am PC ein paar Klicks durchzuführen, dies schaffen die allermeisten. Der Engpass, den es zu überwinden gilt, besteht darin, eine nachhaltigere und anspruchsvollere Verbindung zum ande-ren entstehen zu lassen. Es muss die Hürde genommen werden, aus losen Kontakten auch VERTRAUTE zu entwickeln. Sie haben ein hö-heres Beziehungsniveau zu erreichen. Es stellt sich also die spannende Frage, wie Sie diese Herausforderung meistern können.

Um diese Frage zu beantworten, werde ich gleich drei Ansätze verfolgen. Es geht im Prinzip um drei völlig unterschiedliche An-schauungen, warum Menschen beschließen, andere zu unterstützen. Der erste Denkansatz geht davon aus, dass alle Individuen nach rein egozentrischen Mustern agieren:

> **1. Menschen unterstützen sich, weil sie den anderen für die Erreichung eigener Ziele benötigen.**

Der zweite Ansatz hat zum Inhalt, dass Menschen aus rein emotiona-len Gründen agieren:

> **2. Menschen unterstützen sich, weil sie sich sympathisch finden.**

Schließlich gibt es noch einen dritten Ansatz. Demgemäß geschieht alles mehr oder weniger grundlos. Jedermann erhält immer diejenige Unterstützung, die er gerade benötigt.

> **3. Menschen unterstützen sich, weil es der Zufall so will.**

Um es wieder auf den Punkt zu bringen: Die Ursachen, warum sich Ihre Kontakte mit Ihnen verbünden möchten, können folgende sein:

1. **Man braucht Sie**

2. **Man mag Sie**

3. **Zufälle**

Haben Sie ein Defizit in einem der drei Punkte, ist es möglich, diesen durch die beiden anderen zu kompensieren. Ich kann Ihnen aber schon jetzt verraten, dass sich die Ursachen, warum Sie Unterstützung erfahren, vermischen werden. Es ist für Sie jedoch übersichtlicher, wenn ich alle drei Denkansätze voneinander getrennt erläutere. Ich widme daher jeder einzelnen Anschauung ein eigenes Unterkapitel.

Starten wir nun mit der pragmatischsten von allen drei Sichtweisen. Der Opportunismus des Menschen steht dabei im Mittelpunkt der Betrachtung.

4.1 Man braucht Sie

Der Faktor Zeit ist heute ein knappes Gut. Die Mehrzahl der Bevölkerung ist mit Berufsleben, Freizeitaktivitäten, Familie und Kindern mehr als eingespannt. Erschwerend kommt hinzu, dass in unserem Kulturkreis die wenigsten für nagelneue POSITIVE KONTAKTE, BEKANNTE oder VERTRAUTE aufgeschlossen sind. In den meisten Fällen klammert man sich an ein bestimmtes Umfeld, das irgendwann einmal im Leben entstanden ist. Dabei bleibt es auch in der Regel.

Und jetzt wünschen Sie, dass sich Ihre Kontakte Ihnen gegenüber öffnen. Aber damit nicht genug: Sie möchten darüber hinaus erreichen, dass man sich mehr um Sie kümmert. Zu guter Letzt sollen sich Ihre Mitmenschen auch noch mit Ihnen verbünden. Das alles wird mit einem Appell an die Nächstenliebe nicht zu bewerkstelligen sein. Was ist jetzt die Lösung?

> **Wenn Sie möchten, dass man sich mehr um Sie bemüht, sollten Sie dafür einen triftigen Grund liefern.**

Bei dieser ersten ‚Ernte-Philosophie' gehen Sie einfach davon aus, dass jedermann aus rein opportunistischen Gründen agiert. Dieser Denkansatz passt in unsere eher egozentrisch geprägte Welt sehr gut hinein. Wenn Sie für die Ziele Ihrer Kontakte unverzichtbar sind, wird so mancher über die komplizierte Welt der Sympathie und Antipathie hinwegsehen.

Im Übrigen erkennen Sie klassische Opportunisten recht einfach. Das sind immer diejenigen Personen, die nach dem „Warum" fragen. Wenn Sie in der „Startphase" den ersten Kontakt herstellen, möchten diese Leute faktisch begründet wissen, was Sie von ihnen wollen. Im Prinzip wird dabei die eigene Lebenshaltung offenbart. Solche Menschen interagieren meist nur dann mit anderen, wenn Sie sich etwas ganz Bestimmtes davon versprechen. Dass man ‚nur so', aus grundsätzlichem Interesse für Mitmenschen, den Kontakt herstellt, liegt gänzlich außerhalb ihrer Vorstellungswelt. Diese Kontakte werden Sie nur dann für sich gewinnen können, wenn Sie zunächst handfeste Vorteile bieten. Sie rütteln diese Leute praktisch wach und nutzen dafür deren egozentrische Weltanschauung.

Sie haben sich also zu fragen, welche Gründe Sie bieten könnten, damit sich andere um Sie bemühen.

> **Fragen Sie sich vor allem, wie vorteilhaft Sie für Ihre Kontakte sind und nicht, wie vorteilhaft Ihre Kontakte für Sie sind.**

Erwarten Sie also von jemandem, dass er Sie unterstützt, haben Sie ihm zu allererst etwas zu bieten, was ihm nützlich erscheint. Bei diesen Überlegungen gibt es allerdings etwas sehr Wichtiges zu berücksichtigen!

> **Nicht Ihre Meinung zählt, was nützlich ist, sondern diejenige Ihres Gegenübers.**

Das heißt, Ihre eigene Sichtweise spielt keine Rolle. Allein die Ansicht Ihrer Kontakte ist dabei maßgeblich. Diese Situation kennen Sie allzu gut von Geburtstagen. Sie können von Ihrem Geschenk noch so begeistert sein, wenn es aber auf keine Gegenliebe stößt, wird Ihnen dies wenig weiterhelfen. Allein die Meinung des Geburtstagskindes zählt!

> **Erlernen Sie die Kunst, etwas aus der Warte anderer zu sehen.**

Wenn Sie „gebraucht werden" möchten, müssen Sie zunächst einmal wissen, was überhaupt gebraucht wird. Selbstverständlich ist es dabei hilfreich, wenn Sie über eine hohe Empathie und gute Beobachtungsgabe verfügen. Diese beiden Fähigkeiten sind aber auf keinen Fall die alles entscheidende Grundvoraussetzung. Es ist lediglich ein Mindestmaß an Einfühlungsvermögen und Konzentrationsfähigkeit vonnöten. Alles andere entscheidet Ihr Wille. Sie haben nur die Entscheidung zu fällen, sich in Ihre Kontakte ein wenig hineinzuversetzen – nichts weiter.

Damit Sie Ihre Fähigkeit schulen können, etwas aus der Sicht Ihrer Kontakte zu sehen, sollten Sie sich eine wichtige Frage einprägen:

> **Welche privaten und beruflichen Ziele gibt es beim anderen?**

Finden Sie heraus, was Ihre Kontakte grundsätzlich antreibt. Dazu könnten Sie sich jetzt den Kopf zerbrechen über einzelne Personen. Dies kann durchaus von Erfolg gekrönt sein, um das Gegenüber besser zu verstehen. Es geht aber auch simpler: Sie fragen einfach nach!

Jetzt wissen Sie, über was Sie sich unterhalten können, wenn Sie Ihre „Vier-Augen-Gespräche" im Rahmen der „Pflegephase" führen. Denken Sie immer an die oben genannte Fragestellung. Ich gehe davon aus, dass Sie nicht platt mit Gesprächspartnern umgehen. Sicher werden Sie viele Umschreibungen für diese Frage finden. Auf jeden Fall kennen Sie jetzt das Thema, für das Sie sich interessieren sollten.

Jetzt werden Sie sich vielleicht Sorgen machen, dass Sie sich schon wieder nur um die anderen kümmern sollen. „Wer interessiert sich den für meine eigenen Wünsche", wird sich so mancher Leser fragen. Ich kann Sie beruhigen: Sie werden nämlich einen angenehmen Nebeneffekt erleben:

> **Unterhalten Sie sich über die Bedürfnisse Ihres Gegenübers, werden die gleichen Fragen meist auch an Sie gerichtet.**

Gehen Sie diesen kleinen Umweg! Machen Sie in erster Linie die Bedürfnisse der Gegenseite zum Thema – alles andere läuft dann wie von selbst. So kommen Ihre eigenen Wünsche ebenso auf den Tisch.

Sie werden aber auch Situationen erleben, in denen Sie in große, fragende Augen schauen, weil Ihr Gesprächspartner erstaunt ist, dass es jemand gibt, der sich für seine Bedürfnisse auch mal interessiert. Daraus entstehen oft die angenehmsten Unterhaltungen.

Oder Sie genießen vielleicht noch nicht das Vertrauen. In dem Fall ziert sich Ihr Gesprächspartner noch, Ihnen einiges preiszugeben. Dann warten Sie einfach ab und setzen die „Pflegephase" fort. Zu gegebener Zeit wird sich sicher ein weiteres Gespräch ergeben.

Es wird aber auch Unterhaltungen geben, in denen Sie sehr ungewöhnliche, manchmal auch abenteuerliche Vorstellungen zu hören bekommen. Dann wird das Ganze nicht nur sehr spannend, sondern auch sehr inspirierend sein.

> **Gegenseitig Wünsche, Ziele und Träume auszutauschen, garantiert eine spannende und kurzweilige Unterhaltung.**

Machen Sie sich zur Gewohnheit, private oder berufliche Wünsche zum Thema zu machen. Im Übrigen müssen es nicht immer bedeutungsschwangere Sehnsüchte sein (was aber durchaus spannend sein kann). Denken Sie auch an triviale Kleinigkeiten, die das Leben ein wenig angenehmer machen können. Möglicherweise wünschen Sie sich einen besseren PC am Arbeitsplatz, suchen eine Nebenbeschäftigung für das Wochenende oder möchten sich nur irgendwo ehrenamtlich betätigen. Vielleicht sind Sie auch nur auf der Suche nach einer neuen Immobilie oder halten ganz einfach nur Ausschau nach einer günstigen Unterbringung bei Ihrem nächsten Abenteuerurlaub.

Zurück zum eigentlichen Thema dieses Kapitels: Haben Sie schließlich herausgefunden, welche privaten oder beruflichen Wünsche beim Gegenüber bestehen, folgt der nächste Gedankenschritt:

Was können Sie tun, damit der andere seine Ziele erreicht?

Danach müssen Sie aber noch einen weiteren Schritt gehen. Sie sollten zusätzlich das „Prinzip der Einzigartigkeit" anwenden:

Streben Sie an, dass ausschließlich Sie allein das bieten können, was dem anderen von Vorteil ist.

Ein Monopol innezuhaben ist ein mächtiges Instrument. Aus dieser Konstellation kann sich schnell ein besonderes Verhältnis zum anderen entwickeln. Ehe man sich versieht, entsteht eine Topreferenz oder ein wichtiger Informant.

In der Summe ergibt sich also ein bestimmter Ablaufplan, um sicherzustellen, „gebraucht zu werden":

1. **Versetzen Sie sich in die Situation des Gegenübers.**

2. **Finden Sie heraus, welche Wünsche bestehen.**

3. **Tragen Sie dazu bei, dass er diese erreichen kann.**

4. **Machen Sie sich dabei unverzichtbar.**

Schaffen Sie dies, garantiere ich Ihnen, dass Ihre „Erntephase" ein voller Erfolg wird.

Beispiel:

Herr T. war Mediengestalter. Er arbeitete in der Hauptsache der Geschäftsführerin einer Werbeagentur zu. Die Dame, für die er tätig war, hatte die Agentur kürzlich von ihrem Vater übernommen.

Herr T. fand schnell heraus, dass seine Chefin eher eine „Kreative" als eine Geschäftsfrau war. Er stellte nach einer gewissen Zeit fest, dass sie Kundenpräsentationen mehr oder weniger hasste. Ebenso die wöchentlichen Teambesprechungen. Die Geschäftsführerin tat allerdings alles dafür, dass dies niemandem in der Belegschaft auffiel. Herr T. allerdings beobachtete sie sehr genau. Irgendwann war ihm klar, dass sie viel mehr Spaß daran hatte, Konzepte und Designs am PC zu entwerfen, als mit ihrem Team oder den Kunden zu kommunizieren.

Daraufhin bildete sich Herr T. in seiner Freizeit weiter. Zunächst unbemerkt von seiner Chefin. Er besuchte zu den Themen Präsentation und Teamgespräche einige Seminare. Entsprechende Fachbücher las er ebenso. Nach einer gewissen Zeit konnte er seiner Chefin immer öfter Ratschläge geben. Schließlich war er bei allen Präsentationen und Teamsitzungen anwesend. Er steuerte Randbemerkungen und positive Feedbacks bei. Nach und nach ergaben sich für manche Situationen handfeste Verbesserungsvorschläge. Seine Chefin überließ ihm schließlich zum Teil die Kundenpräsentationen und Teamsitzungen. Sein Part wurde mit der Zeit jedoch immer größer.

Schließlich übernahm er die komplette Durchführung aller Teamsitzungen und Kundenpräsentationen. Seine Chefin war darüber sehr erleichtert. Sie fand ihren Arbeitsspaß wieder und verschwand immer öfter hinter ihrem PC. Ihre Ideen und Konzepte wurden stetig besser. Der weitere Erfolg der Agentur war entsprechend gut. Allerdings lief ohne Herrn T. mittlerweile nichts mehr. Er war für das Thema Kundenaufträge der entscheidende Mitarbeiter. Er hatte sich unersetzlich gemacht.

Schon nach einem Jahr bot man Herrn T. an, Geschäftsanteile zu übernehmen. Nun war er Mitinhaber der Agentur.

Im Allgemeinen können Sie sich nicht nur im beruflichen, sondern auch im privaten Bereich unverzichtbar machen. Damit gibt es zwei grundsätzliche Arten von Anlässen, um „gebraucht zu werden":

1. **Berufliche Gründe.**

2. **Private Gründe.**

Starten wir zunächst mit den rein beruflichen Gründen, warum sich andere mit Ihnen verbünden sollten.

4.1.1   Berufliche Gründe

Berufliche Themen betreffen in der Regel nur zwei Zielgruppen innerhalb Ihres Netzwerks:

1. **Kontakte im Rahmen des derzeitigen Arbeitsplatzes.**

2. **Kontakte bei zukünftig möglichen Arbeitgebern.**

Idealerweise sollten Sie nicht nur Ihren Kollegen und Vorgesetzten Vorteile bieten, sondern am besten auch dem Großteil Ihrer Branche. Schließlich werden Sie (aus erwähnten Gründen) Ihren jetzigen Job nicht ewig innehaben. Falls Sie dann einmal berufliche Alternativen benötigen, sollten andere Firmen ebenfalls der Meinung sein, dass „man Sie braucht".

Beginnen wir aber zunächst mit den Kontakten direkt am Arbeitsplatz. Dort können Sie am schnellsten die Früchte des Networkings ernten.

Aktueller Arbeitsplatz

Mit den Personen Ihres aktuellen beruflichen Umfelds kommen Sie mehr oder weniger automatisch in Kontakt. Diese Personengruppe beeinflusst am maßgeblichsten, wie gerne Sie morgens zur Arbeit fahren, welche Einkünfte Sie erzielen oder wie sich Ihre weitere Karriere entwickelt.

Ein gut funktionierendes Netzwerk am aktuellen Arbeitsplatz kann viele Annehmlichkeiten bieten:

- **Man ist über interne Aufstiegs- und Wechselchancen informiert und wird dahingehend von den richtigen Personen gefördert.**
- **Man erfährt Unterstützung durch Kollegen.**
- **Man kann eine drohende Insolvenz oder sonstige nachteilige Veränderungen rechtzeitig erkennen.**
- **Man erhält Insiderwissen über sonstige Interna.**

Sie sollten an wichtigen Stellen Ihrer Firma über einige BEKANNTE oder VERTRAUTE verfügen. Solche Personen können entweder wertvolle Informationen liefern oder im besten Fall als wichtige Mentoren fungieren.

Den Ablauf, wie Sie dahin kommen, kennen Sie bereits: Sie denken zunächst aus der Warte der Zielperson und finden heraus, welche handfesten Anlässe Sie bieten könnten, damit Sie als unverzichtbar gelten. Ob Sie dies hinsichtlich der Geschäftsleitung, Kollegen oder direkten Vorgesetzten tun, bleibt Ihnen überlassen. Je eher Sie sicherstellen, dass „man Sie braucht", umso weniger müssen Sie sich über den positiven Verlauf Ihrer Berufstätigkeit Sorgen machen.

Beispiel:

Ich erhielt den Auftrag von einem großen Pharmakonzern. Es ging um eine Mediation zwischen einer Führungskraft und einem seiner Mitarbeiter. Herr M. wäre nicht führbar und würde jetzt sogar eine unverhältnismäßig hohe Gehaltssteigerung einfordern. Verwundert und vor allem gespannt nahm ich an.

Nachdem ich Einzelgespräche mit den beiden Beteiligten geführt hatte, stand das erste Schlichtungstreffen an. Es dauerte keine fünf Minuten, da gab es schon die ersten Missstimmungen. Der Mitarbeiter sah keine Veranlassung, sich mit den Vorwürfen seines Chefs auseinanderzusetzen. „Er hätte auch keine Zeit und müsse jetzt auch gehen. Solche Gespräche würden sowieso nichts bringen", meinte er. Sein Vorgesetzter hingegen war sehr kooperativ und verständnisvoll.

Augenscheinlich hatte Herr M. seinen Chef in der Hand. Dieser konnte nur gute Miene zum bösen Spiel machen. Wie hatte Herr M. dies geschafft, wunderte ich mich, und vor allem, warum wurde er nicht längst gefeuert? Die Antwort ließ nicht lange auf sich warten.

Es stellte sich heraus, dass Herr M. derjenige Mann war, der einen Prototyp einer Datenbanksoftware programmiert hatte. Dieses Programm diente zu medizinischen Testreihen, durchgeführt von Robotern. Die Ergebnisse Hunderttausender Analysedaten müssten aufgenommen und verarbeitet werden. Herr M. erkannte schon im Vorfeld die Bedeutung dieses Projektes. Schließlich wurde es so erfolgreich, dass es zu einer eigenen Sparte im Unternehmen heranwuchs. Herr M. achtete aber stets darauf, dass er die entscheidenden Fäden nie aus der Hand gab. Mit der Zeit war kein anderer Kollege mehr in der Lage, die Programmierung der Software nachzuvollziehen, ganz zu schweigen, damit fehlerfrei zu arbeiten.

Die Geschäftsführung beobachtete diese Entwicklung mit Sorge. Sie holte Angebote ein, um das Ganze von einem IT-Dienstleister entwirren zu lassen. Es sollten externe Fachleute in die Software tiefergehend eingeweiht werden. Es stellte sich heraus, dass die Kosten fünfmal so hoch sein würden, als das (neue) Gehalt von Herrn M.

Die Gehaltsforderung von Herrn M. wurde akzeptiert. Zudem wurde der besagten Führungskraft mitgeteilt, er solle Herrn M. bloß nicht verärgern und vor allem fördern.

Es wäre die Aufzählung zahlloser weiterer Beispiele möglich. Falls Sie es gewährleisten können, dass Kollegen oder Vorgesetzte auf Sie angewiesen sind, werden Sie einen anderen Status genießen. Man ist mehr oder weniger gezwungen, Ihnen entgegenzukommen.

Übernehmen Sie bestimmte Schlüsselfunktionen, von denen Sie wissen, dass sie entscheidend für bestimmte Leute sind.

Vielleicht fällt Ihnen aber auch nichts ein, mit was Sie sich derzeit unverzichtbar machen können. Dann haben Sie einen kleinen Umweg zu beschreiten. Sie zäumen das Pferd praktisch von hinten auf.

Machen Sie sich einfach Gedanken, was Sie in naher Zukunft Entscheidendes bieten könnten. Dazu müssen Sie im ersten Schritt Betriebsabläufe bzw. das Interagieren von Mitarbeitern und Führungskräften beobachten. Dabei stellen Sie sich folgende Fragen:

- **Welche Aufgaben kommen einer Schlüsselfunktion gleich? Was passiert, wenn diese nicht erfüllt werden können, weil jemand krank oder in Urlaub ist?**

- **Wer ist in seiner Arbeit grundsätzlich auf wen angewiesen? Welche wichtigen Ziele sind ohne die Vorarbeit durch andere Kollegen nicht erreichbar?**

Aber auch Trivialitäten können eine Rolle spielen. Damit werden Sie zwar keine großen Karrieresprünge machen, aber dennoch die eine oder andere Annehmlichkeit erfahren. Sind Sie z.B. derjenige, der als einziger in der Lage ist, einen simplen Papierstau beim Kopierer zu beheben oder Druckerpatronen zu wechseln, werden Sie schnell bemerken, dass man sich Ihnen gegenüber sehr umgänglich zeigt.

Oder Sie etablieren sich als diejenige Person, die schnell aus der Patsche helfen kann, wenn PowerPoint- oder Excel-Probleme auftauchen. Auch dann werden Mitarbeiter es tunlichst vermeiden, es sich mit Ihnen zu verscherzen.

Beziehen Sie bei Ihren Überlegungen aber auch Mitarbeiter, Kollegen oder Vorgesetzte mit ein, die nicht zu Ihrem direkten Arbeitsumfeld zählen. Auch Personen, die abteilungsübergreifend beschäftigt sind, können entscheidende Kontakte für Sie sein.

Selbstverständlich werden Sie nicht auf alle Fragen kristallklare Antworten finden. Aber allein die Tatsache, dass Sie sich mit dieser Art zu denken beschäftigen, wird Sie mit Riesenschritten voranbringen. Sie werden nicht nur die jeweiligen Abhängigkeitsverhältnisse in Ihrer Firma besser verstehen, sondern es wird Ihnen auffallen, dass sich so mancher Kollege oder Vorgesetzte schon längst unersetzlich gemacht hat. Solche Leute sind immer gut informiert und erhalten jegliche Unterstützung, wenn sie diese einfordern. Geht es um interne Aufstiegschancen, haben sie meist die Nase vorn. Selbst wenn es um Gehaltserhöhungen oder sonstige Vergünstigungen geht, haben solche Networker selten Probleme diese durchzusetzen.

Außenstehende rümpfen dann die Nase, dass da wohl etwas nicht mit rechten Dingen zugeht. Es werden Vermutungen angestellt, dass sich da jemand anbiedert, einfach nur ‚Vitamin B' hat oder sonstige ‚unfaire' Bedingungen herrschen. Schnell wird das Wort „Schleimer" in den Mund genommen, um die eigene ‚korrekte Lebenseinstellung' rechtfertigen zu können. Nur übersehen viele allzu gerne, dass sich da jemand lediglich Gedanken gemacht hat, wie Menschen interagieren. Networker sorgen rechtzeitig vor, dass sie „gebraucht werden".

Alles in allem wird sich so mancher Leser fragen, ob es wirklich machbar ist, seinen Arbeitsalltag ständig mit solchen Gedankengängen vollzustopfen. Das heißt Arbeitsabläufe beobachten, sich in die Lage von anderen versetzen und sich zu überlegen, wie man sich unverzichtbar machen könnte. Insbesondere Egozentriker werden dies bezweifeln. Schließlich sind sie es nicht gewohnt, aus der Sicht anderer zu denken.

Darauf kann ich nur eines antworten: Es ist machbar! Nach einer gewissen Zeit sogar ohne Weiteres. Es ist eine reine Gewohnheitssache, sich mit dem bereits erwähnten Ablauf zu beschäftigen.

1. **Sich in die Lage des Gegenübers versetzen.**

2. **Herausfinden, welche Wünsche, Bedürfnisse oder Ziele bestehen.**

3. **Dazu beitragen, dass diese erfüllt werden.**

4. **Sich dabei unverzichtbar machen.**

Anfänglich werden Sie sich vielleicht noch den Kopf zerbrechen. Sind Ihnen diese Denkmuster aber erst einmal in Fleisch und Blut übergegangen, wird es immer schneller gehen. Dann werden Ihnen wichtige Gegebenheiten ganz nebenbei auffallen. In Millisekunden werden Sie Aha-Effekte erleben, wie es mit dem Gegenüber steht und wie Sie sich dabei unverzichtbar machen.

> **Wenn Sie regelmäßig trainieren, sich in die Lage anderer zu versetzen, wird es nach kurzer Zeit zur Gewohnheit.**

Falls Sie sich diese Fähigkeit nicht aneignen möchten, werden Sie keine ausreichende Soziabilität entwickeln können. Zudem laufen Sie Gefahr, böse Überraschungen zu erleben.

Stellen Sie sich doch einmal vor, Sie liefern aus Ihrer Sicht hervorragende Arbeit ab. Sie setzen bei Ihrem Job einen bestimmten Schwerpunkt, weil Sie der Meinung sind, dass Sie damit der Firma besonders helfen. Ihr Chef hingegen legt seinen Fokus bezüglich Ihres Aufgabenfelds aber auf einen ganz andern Bereich. Schnell entstehen Konflikte. Sie meinen es gut, verstehen aber nicht, warum Ihr Chef immer unzufriedener wird. Wenn Sie dann bei der nächsten Kündigungswelle dabei sind, wissen Sie nicht warum. Tiefe Enttäuschung ist sicher die Folge. Schließlich haben Sie gute Arbeit geleistet – zumindest aus Ihrer Sicht heraus. Jedoch hatten Sie vergessen, sich auch für die Ziele und Wünsche Ihres Chefs zu interessieren.

Ein Beispiel ist, wenn Ihnen vielleicht die Reduzierung von Kundenreklamationen sehr wichtig wäre. Allein Ihr gesunder Menschenverstand sagt Ihnen, dass dies nur positiv für die Firma sein kann. Ob dies jedoch wichtig für Ihren Boss ist, können Sie nicht wissen, wenn Sie sich mit ihm nicht ausreichend auseinandergesetzt haben. Vielleicht hat er aus Rationalisierungsgründen ein Paar Endkontrollen nach der Produktion entfallen lassen und damit bewusst eine erhöhte Fehlerrate hingenommen. Eventuell kommt ihm die nachträgliche Fehlerbehebung inklusive den unangenehmen Kundenbeschwerden günstiger, als im Vorfeld fehlerfrei zu produzieren. Möglicherweise wurde er von der Geschäftsleitung auch nur dazu gezwungen und macht jetzt gute Miene zum bösen Spiel. Vielleicht ist sogar allen außer Ihnen klar, dass die zahlreichen Kundenbeschwerden als notwendiges Übel akzeptiert werden. Und jetzt kommen Sie und nerven Ihren Chef, wie man Produktionsfehler verhindern könnte. Damit nicht genug, Sie akzeptieren das Abwiegeln Ihres Vorgesetzten vielleicht nicht und bleiben hartnäckig bei Ihrer Meinung, dass Sie doch nur das Beste für das Unternehmen im Sinn haben. Falls Sie Ihren Chef in Ihre berufliche Datenbank integriert haben, können Sie diesen Kontakt „pflegen" bis zum Abwinken, da wird niemals etwas entstehen, was Sie weiterbringen wird.

Ein weiteres Beispiel wäre so mancher Familienbetrieb. Dort sind oft Inhaber der zweiten oder dritten Generation vorzufinden, die längst finanziell ausgesorgt haben. Der Vater oder Großvater hat bereits genug Kapital anhäufen können. Aus existenziellen Gründen ist es für solche Firmenlenker nicht mehr notwendig, auf den nachhaltigen Erfolg ihres Familienbetriebs zu achten. Solche Leute legen Ihren Lebensschwerpunkt oft auf Hobbys, Lebenssinn, Familie, etc. Sie sind eher an stressfreien und angenehmen Rahmenbedingungen für ihre Tätigkeit als Firmenchef interessiert. Falls Ihnen dies nicht auffallen würde, könnte Ihre Karriere jäh ein Ende nehmen. Kämen Sie beispielsweise ständig mit Ideen zur Umsatzsteigerung, die dem Inhaber Arbeit machen würden, könnten Sie sich schnell unbeliebt machen. Aus Ihrer Sicht kümmern Sie sich um das nachhaltige Wachstum der Firma. Aus der Warte der Geschäftsführung etablieren Sie sich lediglich als Nervensäge. Machen Sie hingegen als einzige der Belegschaft Ihren Job geräuschlos und halten zudem von Ihrem Chef Arbeit fern, werden Sie für ihn bald als unverzichtbar gelten.

Wie sieht es mit Ihnen aus? Sind Sie sicher, ob Sie die Vorgänge an Ihrem Arbeitsplatz richtig interpretieren? Kennen Sie die Ziele Ihrer Kollegen und Ihrer Vorgesetzten?

Dazu können Sie sich jetzt ein paar Gedanken machen. Nehmen Sie sich ausreichend Zeit und picken Sie sich dazu eine Person in Ihrer Firma heraus. Jemand, von dem Sie wünschen, dass er Sie besser fördert oder Sie mit Interna versorgt. Notieren Sie den Namen dieser Person in die nachfolgende Tabelle und beantworten danach die Fragen:

Dieter L. Schmich

Zielperson: Frau/Herr ....

Welche beruflichen Ziele verfolgt sie/er wohl?	
Welche Soll-Vorgaben der nächsten Hierarchieebene muss sie/er unbedingt erfüllen?	
Steht sie/er in einem bestimmten Bereich unter Druck?	
Wo und wann ist sie/er auf andere angewiesen?	
Trage ich zur Erfüllung ihrer/seiner beruflichen Ziele bei?	
Mit welchen Kenntnissen und Fähigkeiten könnte ich mich als besonders nützlich erweisen?	
Wo liegen bei ihr/ihm Defizite, die nur mit meiner Hilfe kompensierbar wären?	
Was muss ich noch tun oder erlernen, damit man auf mich nicht mehr verzichten kann?	

Im Übrigen kommt es nicht selten vor, dass Arbeitnehmer übertrieben subjektive Schwerpunkte setzen. Aus ihrer persönlichen Sicht opfern sie sich auf und haben tatsächlich nur das Beste für die Firma im Sinn. Wenn man sich aber nicht in die Lage von Vorgesetzten oder Kollegen hineindenkt, kann man nicht wissen, was „das Beste" ist.

Falls es Ihnen einmal passieren sollte, an den Interessen Ihrer Kontakte am Arbeitsplatz vorbeigearbeitet zu haben, ist dies aber noch lange kein Beinbruch. Falls Sie im Rahmen Ihrer Netzwerkarbeit andere Arbeitgeber ausreichend „gepflegt" haben, wird eine Kündigung bei Ihnen nur ein müdes Lächeln hervorrufen. Sie sind als Networker längst vorbereitet!

Zukünftige Arbeitsplätze

Der Löwenanteil Ihrer Kontakte wird sicher für andere Firmen tätig sein. Idealerweise taucht in Ihrer Datenbank Ihre gesamte Zielgruppe auf, die für Sie als potenzielle Arbeitgeber infrage kommen könnten. Wenn Sie sich in Zukunft verändern möchten (oder müssen), würden, wie hinlänglich erläutert, die üblichen Bewerbungsaktivitäten entfallen. Ihre Jobsuche bestände nur noch aus der Kontaktaufnahme zu Ihrem Netzwerk. Sie hätten nur noch Telefonate zu führen oder E-Mails zu schreiben. Im Prinzip machen Sie sich künftig nur noch kundig, wo und wann gerade welche Vakanzen zu besetzen sind.

Um diese Sicherheit gebenden Rahmenbedingungen zu schaffen, ist es im Übrigen meist schon ausreichend, die ersten beiden Teile dieses Buchs in die Praxis umgesetzt zu haben:

> **Allein die Aktivitäten der „Start- und Pflegephase" reichen aus, um schnell Jobalternativen generieren zu können.**

Wenn es dann darauf ankommt, werden Sie in ein bis zwei Tagen (manchmal in Stunden) alle für Sie relevanten Positionen entdeckt haben. Schnell sind ein paar Vorstellungsgespräche vereinbart. Entspannt haben Sie dann schon die ersten Jobzusagen in der Tasche, während andere sich noch wundern, warum in Online-Jobbörsen nur noch die Zeitarbeit inseriert. Sie picken sich die Sahnehäubchen heraus, während die Masse der Jobsuchenden noch dabei ist, aus Ihren Bewerbungsunterlagen wahre Kunstwerke entstehen zu lassen.

Dieter L. Schmich

Beispiel:

Frau S. war als Key Account Managerin für einen Hidden Champion in der Papierbranche tätig. Der Hersteller für Spezialpapiere wurde von einem chinesischen Konzern übernommen. Alle wichtigen Schnittstellen im Betrieb wurden mit Personal des Investors besetzt. Frau S. stand auf der Straße.

Als Vertriebsexpertin konnte Frau S. auch branchenübergreifend einen Job annehmen. In Ihrem Netzwerk waren unter anderem ca. 200 gut gepflegte Kontakte von potenziellen Arbeitgebern. Ihre sogenannte Arbeitgeberzielgruppe. Noch am gleichen Abend, nachdem sie von der Kündigung erfuhr, setzte sie sich an Ihren PC und schrieb 200 E-Mails. Der Versand von Bewerbungsunterlagen war nicht notwendig. Ihr berufliches Profil war dort bekannt. Sie teilte Ihren Ansprechpartnern lediglich mit, dass sie auf der Suche nach einer neuen beruflichen Perspektive sei. Innerhalb der nächsten zwei Tage hatte sie ca. fünfzehn Termine für Vorstellungsgespräche generiert. Es dauerte noch einmal vier Wochen bis alle Erst- und Zweitgespräche geführt waren. Danach hatte sie ihren neuen Job in der Tasche. Sie nahm eine Stelle als Verkaufsleiterin an. Dieser nächste Karriereschritt wäre sowieso fällig gewesen, sagte sie sich.

Bewusst legte sie den Arbeitsantritt bei ihrem neuen Arbeitgeber um drei Monate nach hinten. Beim letzten Brötchengeber wurde Sie hingegen sofort freigestellt. Die Gehaltszahlungen liefen also noch vier Monate. Frau S. hatte jetzt nicht nur einen neuen Job, verdiente als Verkaufsleiterin mehr als je zuvor, sondern hatte zudem noch Zeit. Sie gönnte sich jetzt erst einmal eine dreimonatige Asienreise, schließlich hatte sie alles den chinesischen Investoren zu verdanken.

Schon mit den Aktivitäten der „Start- und Pflegephase" ziehen Sie einen doppelten Boden in Ihr Berufsleben ein. Sie sollten jedoch höhere Ansprüche haben. Der nächste Karriereschritt sollte automatisch auf Sie zukommen! Unternehmen sollten versuchen, Sie abzuwerben. Dies ist erfahrungsgemäß die beste Ausgangsposition, um eigene Ansprüche durchsetzen zu können. Kommen Firmen aktiv auf Sie zu, werden Sie mehr Mut zeigen, hohe Forderungen zu stellen.

Damit diese traumhafte Situation entsteht, benötigen Sie die Aktivitäten der „Erntephase". Sie müssen rechtzeitig ins Spiel kommen, wenn es bei anderen Unternehmen um die Besetzung interessanter Positionen geht. Das heißt, wichtige Personen müssen zum richtigen Zeitpunkt an Sie denken und das Telefon in die Hand nehmen.

Sie haben also wieder handfeste Gründe zu liefern, warum Entscheidungsträger bei anderen Firmen dies tun sollten. Dazu sind zunächst Vorbereitungen zu treffen. Sie müssen im Vorfeld bestimmte Voraussetzungen erfüllt haben:

> **Sie haben sich frühzeitig eine berufliche Botschaft erarbeitet und diese in Ihrem Netzwerk ausreichend verbreitet.**

Im ersten Schritt haben Sie sich also erst einmal eine Art Werbeslogan für Ihr Netzwerk zu überlegen – Ihre „Netzwerk-Botschaft". Diese Informationen werden dafür sorgen, dass man an Sie denkt, wenn Traumjobs zu vergeben sind.

Um eine berufliche Botschaft verfassen zu können, müssen Sie sich wieder bewusst werden, was „man von Ihnen brauchen könnte". Jedoch geht es jetzt nicht mehr um Ihr direktes berufliches Umfeld am Arbeitsplatz, sondern um den gesamten Arbeitsmarkt. Was könnten Sie diesem bieten?

Sie haben sich wieder in etwas hineinzudenken. Diesmal in die Lage von ganz bestimmten Kontakten Ihres Netzwerks – Ihre Arbeitgeberzielgruppe. Dabei müssen Sie unbedingt das freie Kräftespiel zwischen Angebot und Nachfrage von beruflichen Qualifikationen beachten. Dieser Mechanismus bewirkt, dass Ihnen ein sogenannter Marktwert unterstellt wird. Er ist dafür verantwortlich, ob Sie von Ihren Kontakten „gebraucht werden" oder nicht. Ihre Kenntnisse und Fähigkeiten, und zwar aus Sicht des Arbeitsmarkts, sind infolgedessen entscheidend, ob Sie gefragt sind. Die Werthaltigkeit Ihrer „Botschaft" wird vor allem dadurch beeinflusst, wie viel andere vergleichbar Qualifizierte es außer Ihnen noch auf dem Arbeitsmarkt gibt.

Demnach haben Sie Ihre beruflichen Vorzüge in Relation zu setzen, schließlich verfügen Ihre Ansprechpartner, die für passende Firmen tätig sind, ebenso über ein Netzwerk. Diese Entscheidungsträger werden Sie wohl oder übel mit ihren eigenen Kontakten vergleichen. Sie müssen sich also erst einmal über die Kontakte Ihrer Kontakte Gedanken machen – sozusagen über Ihre Konkurrenz. Demnach haben Sie sich zwei Fragen zu stellen, bevor Sie Ihre „Netzwerk-Botschaft" erstellen können:

- Was hebt mich von vergleichbar Qualifizierten positiv ab?

- Stößt das, was ich biete, auch auf eine Nachfrage?

Falls Sie einen der ersten beiden Bände der „Karriere-Trilogie" durchgearbeitet haben, sind Sie sich über Ihren Marktwert bereits im Klaren. Ihnen ist schon bekannt, was Sie von anderen positiv unterscheidet. Insbesondere in „In 4 Wochen zum besseren Job" hatten Sie sich eine sogenannte „Berufliche Botschaft" erarbeitet. Dieser Text stellt praktisch schon Ihre „Netzwerk-Botschaft" dar. Für alle anderen Leser gehe ich auf dieses Thema noch einmal kurz ein:

Eine „Netzwerk Botschaft" beinhaltet Ihre Hardskills sowie Ihre Softskills. Hardskills (fachliche Vorzüge) bestehen in der Hauptsache aus Ihrem Titel bzw. Berufsabschluss sowie die im Anschluss erworbenen Praxiskenntnisse – Ihre Berufserfahrungen. Zudem bieten Sie mit Ihren Softskills (persönlichen Vorzügen) aufgrund charakterlicher Merkmale einen weiteren Nutzen für Arbeitgeber – Ihre persönlichen Stärken. Darüber hinaus üben Sie derzeit einen Beruf aus. Es wäre also noch die Bezeichnung Ihrer Position zu nennen. Damit besteht Ihre „Netzwerk-Botschaft" grundsätzlich aus vier Abschnitten:

1. Positionsbezeichnung

2. Berufserfahrungen

3. Abschlüsse bzw. Titel

4. Persönliche Stärken

Ich zeige Ihnen nun ein Beispiel: Es handelt sich um eine Redakteurin, die bei einem bekannten Zeitungsverlag beschäftigt ist. Die „Netzwerk-Botschaft" dieser Dame lautet folgendermaßen:

1. BEISPIEL – „Netzwerk-Botschaft"	
Position:	■ Redakteurin
Berufs-erfahrungen:	■ Erfahrungen im lokalen und überregionalen Journalismus ■ Erstellung von leserwirksamen Headlines und Teasern ■ Presse- und PR-Arbeit ■ Online- und TV-Journalismus ■ Social-Media-Marketing ■ Redigieren und Korrigieren von Autorentexten
Abschluss:	■ Master of Arts, Journalismus
Stärken:	■ Bereitschaft, mich in neue Themen einzuarbeiten ■ Perfektes Sprachgefühl und hohes Ausdrucksvermögen ■ Ausgeprägte Empathie ■ Schnelle, fehlerfreie und treffende Erstellung von Artikeln und Texten

Selbstverständlich hat diese Angestellte noch andere Kenntnisse und Fähigkeiten. Allerdings ist man bei der „Netzwerk-Botschaft" gezwungen, sich auf die wichtigsten Berufserfahrungen und Stärken zu reduzieren. Dies hat seinen besonderen Grund: Ist der Inhalt zu langatmig, steht dies im Widerspruch zu einer prägnanten Kommunikation. Möchten Sie Ihre Vorzüge über Ihr Netzwerk flächendeckend verbreiten, müssen praktisch die Kriterien eines Werbeslogans erfüllt sein. Sicher ist dies nicht immer einfach, Ihnen bleibt aber nichts anderes übrig.

Darüber hinaus gibt es einen weiteren triftigen Grund, warum Sie auf Kürze und Prägnanz zu achten haben: Es gibt in Ihrer Netzwerkarbeit viele Situationen, in denen Sie mit Ihren Kontakten telefonisch, persönlich oder per E-Mail kommunizieren. Da kommt es darauf an, sich nicht zu verzetteln. Je komprimierter Sie Ihre beruflichen Vorteile vermitteln können, umso höher ist die Wahrscheinlichkeit, dass diese in Erinnerung bleiben. Am besten für wenige, aber gefragte Aufgabenfelder.

Damit wären wir auch wieder bei dem Thema der „Einzigartigkeit". Je mehr Spezialkenntnisse Sie bieten, umso eher gelten Sie als unverzichtbar. Umso mehr „werden Sie gebraucht"

> **Positionieren Sie sich in Ihrem Netzwerk als Experte.**

Natürlich kann man nicht einfach Spezialkenntnisse aus dem Hut zaubern, schließlich sollte Ihre „Netzwerk-Botschaft" auch etwas mit Ihrem tatsächlichen Können zu tun haben. Dennoch dürfen Sie das Ziel, Einzigartiges zu bieten, nicht aus den Augen verlieren. So wissen Sie immer, was Sie sich in Zukunft noch anzueignen haben.

> **Je einzigartiger Ihre Kenntnisse sind, umso eher werden sich die Kontakte Ihrer Arbeitgeberzielgruppe um Sie bemühen.**

Ich zeige Ihnen nun ein zweites Beispiel: Es handelt sich wieder um eine Redakteurin. Jedoch verfügt diese Beschäftigte über ein doppelt so hohes Jahreseinkommen, als die Dame aus dem ersten Beispiel. Warum dies so ist, werden Sie sicher selbst erkennen können:

	2. BEISPIEL – Berufliche Botschaft
Position:	■ Medizinische Fachredakteurin
Berufs-erfahrungen:	■ Medizinische Reportagen (Print, TV und Online) ■ Nutzwertjournalismus und Content-Managing ■ Redaktionelle Betreuung von prominenten Gastautoren ■ Einladungen zu den wichtigsten Fachkongressen liegen regelmäßig vor ■ Redigieren spezifischer Fachartikel zu leserfreundlichen Texten ■ PR-Erfahrungen und Pharma-Marketing
Abschlüsse:	■ Magistra Artium, Germanistik und Geschichte ■ MTA – Medizinisch-technische Assistentin
Persönliche Stärken:	■ Stilsicherheit ■ International und national hervorragend vernetzt ■ Fundierte medizinische, biologische und psychologische Kenntnisse ■ Präziser Ausdruck ■ Korrespondenz und Übersetzungen (Deutsch/Englisch, Englisch/Deutsch)

Diese Angestellte verfügt über eine etwas niedrigere Grundqualifikation als die vorherige Redakteurin. Sie hat aber frühzeitig darauf ge-

Erntephase

achtet, sich zu spezialisieren. Nun bietet sie Berufserfahrungen in einem Bereich, in dem sie unter einem geringeren Wettbewerbsdruck durch andere Redakteure/innen steht. Optimale Bedingungen, um „gebraucht zu werden". Darüber hinaus ist sie auch in PR-Abteilungen von Medizin-, Biologie- und Pharmakonzernen einsetzbar. Damit ist sichergestellt, dass Ihre Arbeitgeberzielgruppe nicht zu klein ist. Sie hat somit die Nachfrageseite des Arbeitsmarkts berücksichtigt. Die Wahrscheinlichkeit ist hoch, dass sich diese Beschäftigte über Ihre berufliche Zukunft keine Sorgen mehr machen muss.

> **Aus der Kombination von Expertenwissen mit Networking resultieren meist solide Karrieren und hohe Existenzsicherheit.**

Nun sind Sie an der Reihe: Notieren Sie Ihre „Netzwerk-Botschaft" in die folgende Tabelle. Dabei stellen Sie sich die bekannten Fragen:

- **Welche Berufserfahrungen und persönlichen Stärken könnten für meine beruflichen Kontakte von Nutzen sein**

- **Wie kann ich diese prägnant auf den Punkt bringen?**

- **Was hebt mich von anderen Berufstätigen positiv ab?**

	Meine persönliche „Netzwerk-Botschaft"
Meine Position:	▪ ....
Meine wichtigsten Berufs- erfahrungen:	▪ ....
	▪ ....
	▪ ....
	▪ ....

Dieter L. Schmich

Meine
Abschlüsse:

Meine
wichtigsten
Stärken:

Haben Sie schließlich schriftlich fixiert, welche Ihrer fachlichen oder charakterlichen Fähigkeiten „gebraucht werden" könnten, haben Sie zudem Werbung in eigener Sache zu machen. Sie müssen Ihre „Botschaft" in Ihrem Netzwerk verbreiten.

Nutzen Sie dazu vor allem eine Business-Community wie z.B. Xing. Dort werden Sie vorgegebene Eingabemasken finden, die exakt zu den vier empfohlenen Abschnitten Ihrer „Netzwerk-Botschaft" passen. So wird zumindest derjenige Teil Ihres Netzwerks informiert, der sich über Xing (bzw. LinkedIn) mit Ihnen verbunden hat. Darüber hinaus sollten Sie Ihre übrigen Kontakte regelmäßig auf Ihr Online-Profil hinweisen:

- **In der Signatur Ihrer E-Mail.**

- **Im Briefkopf Ihrer Korrespondenz.**

- **Verbal in den „Vier-Augen-Gesprächen".**

Sie werden die Erfahrung machen, dass heute der Großteil aller Arbeitnehmer zumindest bei Xing oder LinkedIn mitmacht. Haben Sie schließlich Ihre „Netzwerk-Botschaft" ins Internet hochgeladen, gibt es wieder gute Gründe neue Kontaktanfragen zu stellen. Und bei jedem Klick wird dem Gegenüber Ihr Werbeslogan präsentiert. Treffen Sie zudem auf jemand noch Unbekanntes, können Sie jetzt fragen, ob man ihn online irgendwo antreffen kann. Dann ist wieder ein Anklicken möglich. Ob man sich dann schon in diesem Stadium verbindet, ist nicht entscheidend. Wichtig ist, dass das Gegenüber sich über Sie im Internet schlau machen kann. Und schon wieder wird Ihre „Netzwerk-Botschaft" ersichtlich.

Es ist aber auch denkbar, das Ganze auf eine private Homepage zu stellen. Besonders für kreative Berufszweige oder Beschäftigte der Medienbranche kann dies durchaus sinnvoll sein.

Unabhängig davon, welche Internetplattform Sie verwenden, jetzt macht sich die Kürze und Prägnanz Ihrer Werbebotschaft bezahlt. Ihnen leuchtet sicher ein, dass kein Mensch zeitraubend ganze Romane lesen möchte. Ihre beruflichen Vorteile, die Sie alten und neuen Kontakten zur Verfügung stellen, sind nun in Sekunden lesbar bzw. verbal kommunizierbar.

Am Rande möchte ich noch bemerken, dass Sie z.B. bei Xing auch einzelne Stationen Ihres Lebenslaufs veröffentlichen können. Ob dies sinnvoll ist, ist von Ihrer spezifischen Situation abhängig. Da kann ich leider keine pauschalen Ratschläge geben. Grundsätzlich müssen Sie immer bedenken, dass sich Ihre Kontakte auch untereinander austauschen können. Falls Sie jedoch über einen besonders beeindruckenden Lebenslauf verfügen, kann dies andererseits auch wieder sehr vorteilhaft sein.

Sie haben immer abzuwägen: Je mehr Informationen Sie veröffentlichen, umso weniger Kontrolle haben Sie, was im Internet bzw. in Ihrem Netzwerk über Sie herumschwirrt. Zudem lebt Neugier auch davon, dass man ab und zu manche Fakten zurückhält. Möchten Sie Fragen beim Gegenüber sozusagen provozieren, ist es nicht immer sinnvoll, alles zu früh auf den Tisch zu bringen. Es bleibt also dabei: Wenn Sie neben Ihrer „Netzwerk-Botschaft" weitere Informationen

Ihres beruflichen Werdegangs veröffentlichen möchten, sind die Vorteile mit den Nachteilen in Relation zu setzen.

Wie gesagt, haben Sie zusätzlich die paar Sätze Ihrer „Netzwerk-Botschaft" auch im Kopf, können Sie jederzeit kompetent antworten, wenn Sie mal wieder gefragt werden, was Sie beruflich so machen. Sie sind sich jetzt Ihrem Marktwert bewusst und sind in der Lage, darüber werbewirksam zu sprechen. Sie haben sich im Vorfeld Gedanken gemacht, welche Vorzüge Ihrerseits auf eine Nachfrage stoßen könnten.

> **Lassen Sie keine Gelegenheit aus, um eine prägnante und wettbewerbsfähige „Netzwerk-Botschaft" zu verbreiten.**

Verlassen wir nun den beruflichen Bereich. Es sind auch Gründe denkbar, um „gebraucht zu werden", die im privaten Bereich liegen.

4.1.2 Private Gründe

Wie Sie schon mehrfach lesen konnten, sollten Sie sich in der Hauptsache fragen, wie vorteilhaft Sie für andere sind. Sie können neben beruflichen Anlässen auch darüber hinausgehende Gründe liefern. Wir sind allerdings noch nicht beim Thema „man mag Sie" angelangt. Wir beschäftigen uns noch mit dem Opportunismus von Menschen.

Sich eher in Lebensbereichen unverzichtbar zu machen, die nicht von Ihren beruflichen Kenntnissen und Fähigkeiten abhängig sind, ist immer dann zweckmäßig, wenn Folgendes gegeben ist:

- **Es ist für Sie derzeit noch nicht möglich, sich mit beruflichen Kenntnissen unverzichtbar zu machen.**

- **Sie haben es mit Kontakten zu tun, bei denen Ihre beruflichen Kenntnisse auf keine Nachfrage stoßen.**

Die Zielgruppe für private Anlässe können allerdings wieder Personen sein, mit denen Sie beruflich zu tun haben. In Ihrem sozialen Umfeld hingegen sind Sie sowieso darauf angewiesen, eher Privates zu bieten, damit man sich mit Ihnen verbündet.

Es gibt also zwei grundsätzliche Kontaktgruppen in Ihrem Netzwerk, denen Sie nichtberufliche Anlässe liefern können, um „gebraucht zu werden":

1. Berufliche Kontakte

2. Soziale Kontakte

Wenden wir uns also wieder Ihren Kontakten zu, die entweder an Ihrem Arbeitsplatz oder bei zukünftigen Firmen bestehen. Nun geht es aber um deren private Lebensumstände.

Berufliche Kontakte

Falls Sie sich bei Ihren beruflichen Kontakten auf private Themen konzentrieren, bringt dies einen kleinen Zusatznutzen. Es entsteht zu Ihrem Gegenüber schneller ein vertrauteres Verhältnis.

Beispiel:

Frau L. lebte mit ihrem Mann die Philosophie, dass in erster Linie nur ausgeruhte und glückliche Eltern die Basis für eine optimale Erziehung ihrer Kinder sein können. Für das Ehepaar war es deshalb wichtig, am Wochenende in erster Linie ihre Partnerschaft zu pflegen. Städtereisen inklusive romantischen Hotels liebten sie dabei besonders. Manchmal bevorzugten sie auch nur, zu Hause zu bleiben. So konnten sie den ganzen lieben Tag im Bett bleiben, nur unterbrochen durch das ausgedehnte Frühstück auf der Terrasse. Sie suchten von Anfang an nach Möglichkeiten, um kinderfreie Wochenenden zu realisieren.

Familie L. war gut vernetzt und kannte viele andere Ehepaare, die der gleichen Erziehungsphilosophie folgten. Kinderfreie Tage mussten für das Pflegen der Ehe einfach sein. So kamen mit der Zeit acht Familien zusammen. Alle waren bereit, an einem Wochenende die jeweils anderen Kinder zu übernehmen. Es waren in der Summe zwölf Kinder zu betreuen. Jedes Paar akzeptierte, einmal alle zwei Monate, eine Horde von fröhlichen und ausgelassenen Kindern zu beaufsichtigen. Zudem wurden sie beschäftigt, verköstigt und wieder zurückgebracht. Sie machten dies mit großer Freude, schließlich war der anschließende Lohn, sieben freie Samstage und Sonntage in Folge. Solche positiven Aussichten kompensierten jede Kraftanstrengung. Selbstverständlich machte es auch allen Kindern Spaß, schließlich hatten sie viel Abwechslung. Jedes Wochenende stand ein anderes Abenteuer auf dem Programm.

Frau L. war als Assistentin für eine Top-Managerin beschäftigt. Natürlich erzählte sie ihrer Chefin immer mal wieder, welche schönen Städtereisen sie regelmäßig mit ihrem Gatten unternahm. Irgendwann bemerkte sie, dass ihre Reiseberichte immer mehr auf Interesse stießen. Es schien ihr, dass die Managerin sie um das Eltern-Netzwerk der „Wochenendliebhaber" beneidete. Frau L. wusste, dass zwei Kinder vorhanden waren.

Es kam die Zeit, da machte sie ihrer Chefin das Angebot, doch bei der Elterngruppe mitzumachen. Ob zwölf oder vierzehn Kinder zu betreuen wären, spielte keine Rolle. Das Chaos, wenn zahlreiche, energiegeladene Kinder in das Heim einfallen, wäre wahrscheinlich das Gleiche. Aber es gäbe ein zusätzliches, weiteres freies Wochenende dazu. Ihre Chefin war begeistert von dieser Idee. Sie machte mit ihrem Mann mit und blieb auch dabei.

Eines Tages wurde der Managerin durch die Konkurrenz ein Vorstandsposten angeboten. Sie sagte zu, allerdings nur unter einer Bedingung: Ihre Assistentin müsse ebenfalls eingestellt werden. Frau L. war jetzt plötzlich Vorstandsassistentin. Ihr Gehalt stieg deutlich. Die Sterne der Hotels an den Wochenenden ebenso.

Um Ihren geschäftlichen Kontakten einen nichtberuflichen Anlass zu bieten, haben Sie wieder den bereits bekannten Ablauf zu befolgen:

1. **Sich in die Lage des Gegenübers versetzen.**

2. **Herausfinden, welche Wünsche, Bedürfnisse oder Ziele bestehen.**

3. **Dazu beitragen, dass diese erfüllt werden.**

4. **Sich dabei unverzichtbar machen.**

In diesem Fall machen Sie sich also keine Gedanken über fachliche, sondern vielmehr über private Gründe, warum man Sie benötigen könnte.

Jetzt ist es wieder Zeit, sich selbst zu testen: Was wissen Sie von den privaten Verhältnissen Ihrer POSITIVEN KONTAKTE oder BEKANN-TEN. Suchen Sie sich in Ihrem beruflichen Bereich wieder eine Person heraus, die Ihnen wichtig erscheint. Von der Sie wünschen, dass Sie aus deren Sicht als unverzichtbar gelten. Machen Sie sich über diesen Menschen ein paar Gedanken. Dazu können Sie wieder folgende Tabelle nutzen:

Zielperson: Frau/Herr	
Auf was reagiert er/sie grundsätzlich erfreut?	
Welche privaten Ziele, Wünsche und Bedürfnisse gibt es?	
Wie kann ich meinen Teil dazu beitragen, dass einiges in Erfüllung geht?	

Wie kann ich mich dabei unverzichtbar machen?

Sie haben sich also wieder in die Situation Ihrer Kontakte hineinzuversetzen. Ich hatte Ihnen bereits abgeraten, hellseherisch ans Werk gehen zu wollen. Wenn Sie bei der Beantwortung der Fragen nicht weiterkommen, ist es sinnvoll auch mal nachzuhaken. Die prinzipielle Vorgehensweise ist Ihnen bereits bekannt: Sie bringen etwas emotionalen Mut auf und erzählen als erstes über private Themen. Im Gegenzug wird sich Ihr Gesprächspartner indirekt für Ihre Offenheit bedanken, indem er Sie ebenfalls in Privates einweiht.

Bedenken Sie, dass wir uns gerade in der finalen Phase des Networkings befinden. Die „Pflegephase" haben Sie zu diesem Zeitpunkt längst hinter sich. Sie haben sich mit Ihren Kontakten bereits ausreichend über sachliche Themen ausgetauscht. Damit sollte in der „Erntephase" langsam Schluss sein. Das heißt, früher oder später müssen Sie diese wichtige, eher private Ebene sowieso erreichen.

> **Je länger Sie jemanden kennen, umso eher sollten private Themen den Schwerpunkt Ihrer Kommunikation bilden.**

Daraus entstehen gleich zwei Effekte: Sie erhalten zum einen Hinweise, wie Sie dem anderen auch in nichtberuflichen Lebensbereichen nützlich sein können. Zum anderen werden Ihre anfänglich rein beruflichen Kontakte eher zu privaten mutieren. Ihr berufliches Umfeld verschmilzt mit Ihrem sozialen.

> **Das Gros Ihres Netzwerks sollte sich früher oder später zu einem rein sozialen Beziehungsgeflecht entwickeln.**

Sie werden einsehen, dass aus einem solchen Netzwerk mehr entstehen kann, als bei rein geschäftlichen Datenbanken. Die Zahl der Einladungen zu bestimmten Events, Feiern o.Ä., die auch einen privaten Charakter haben, erhöht sich. Das Kennenlernen neuer Personen verläuft durch den privaten Rahmen entspannter. Neue Vertrauensverhältnisse müssen nicht durch mühsame „Pflegeaktivitäten" geschaffen werden. Die Entwicklung neuer BEKANNTER oder VERTRAUTER vereinfacht sich so erheblich.

Das Resultat sind bessere Referenzen und höherwertigere Empfehlungen. Hat man die Hürde vom beruflichen zum privaten Status überwunden, ist dies meist der Zeitpunkt, in dem sich der Netzwerkaufbau verselbstständigt.

Sicher wird unbestritten sein, dass dabei auch der Faktor „man mag Sie" (später mehr dazu) eine wichtige Rolle spielen wird. Sie sollten sich aber nicht darauf verlassen. Doppelt genäht hält besser. Überlegen Sie sich zur Sicherheit lieber auch handfeste, private Gründe, damit Sie als unverzichtbar gelten. Dies gilt insbesondere für diejenigen Personen, bei denen es überhaupt keine Schnittmenge zu beruflichen Themen gibt. Damit wären wir schon bei Ihrem rein privaten Umfeld.

Soziale Kontakte

Grundsätzlich kommt demjenigen Teil Ihres Netzwerks, das nicht direkt mit Ihrer jetzigen oder zukünftigen Berufstätigkeit etwas zu tun hat, eine bedeutende Rolle zu. Ich möchte Sie an dieser Stelle noch einmal an das „Kleine-Welt-Phänomen" erinnern:

Soziale Kontakte sind Ihre Multiplikatoren.

Wie Sie bereits erfahren haben, sind alle Menschen der Welt aufgrund eines exponentiellen Effektes nur über sechs bis sieben Ecken miteinander verbunden. Möchten Sie eine ähnliche eindrucksvolle Wirkung erzielen, spielt Ihr soziales Umfeld die entscheidende Rolle. Je mehr soziale Kontakte Sie haben, umso höher ist der gesellschaftliche Durchdringungsgrad Ihres Netzwerks. Darüber hinaus kann ein funktionierendes soziales Umfeld Folgendes gewährleisten:

- **Sie verfügen über genügend Ansprechpartner für die Empfehlungsnahme (Personen- und Firmennamen, Insidertipps, Ideen, Inspirationen oder sonstige Informationen).**

- **Sie können auf private Unterstützung zählen, falls Wetterextreme, Vermögensverlust, Krankheit, Altersschwäche oder Unfälle Ihre Existenz bedrohen.**

Des Weiteren sollten Sie auch die vielen, kleinen Alltagssituationen nicht vergessen, in denen es ganz einfach super angenehm ist, wenn ein Netzwerk helfender Menschen zur Verfügung steht.

Beispiel:

Ein Grafikdesigner wollte über die Weihnachtsfeiertage noch einen wichtigen Auftrag erledigen. Das Layout eines Imagefolders musste noch fertiggestellt werden. Pünktlich zu Heilig Abend gab sein Monitor jedoch seinen Geist auf. Dies kam einer kleinen Katastrophe gleich, da er direkt im Anschluss an die Feiertage in seinen wohlverdienten Skiurlaub fahren wollte. Wo bekam er nun schnell Ersatz her? Die Geschäfte waren bereits geschlossen.

Er war Besitzer einer gut geführten Datenbank. Kurzerhand setzte er einen Hilferuf per E-Mail ab. Er schrieb ca. zweihundert Kontakten per Bcc folgenden Text: „Hilfe liebe Leute, mein Monitor ist defekt. Brauche schnell Ersatz. Habe wichtigen Auftrag noch zu erledigen. Wer kann kurzfristig aushelfen? LG Max"

Am nächsten Morgen hätte er auf ca. zehn Ersatzmonitore zugreifen können. Dies war jedoch nicht nötig. Noch am gleichen Abend brachte ein Unbekannter einen Bildschirm vorbei. Er hätte von einem Kumpel erfahren, dass er dringend einen benötigen würde. Und da er nur drei Straßen um die Ecke wohnen würde und zudem auf dem Weg zur Weihnachtsfeier seiner Eltern gewesen sei, habe er bei ihm einfach einmal geklingelt. Der Skiurlaub war gerettet!

Falls Sie über zahlreiche soziale Kontakte verfügen, bieten Sie im Übrigen schon den ersten pragmatischen Nutzen, warum „man Sie brauchen" könnte:

> **Haben Sie sich das Image erworben, „Gott und die Welt" zu kennen, werden sich andere automatisch um Sie bemühen.**

Wenn man erst einmal bemerkt hat, dass Sie zu jedem Thema mühelos den richtigen Ansprechpartner oder die passende Information liefern können, wird das sehr vorteilhaft für Sie sein.

Zurück zu den pragmatischen Anlässen, damit auch Ihr soziales Netzwerk „Sie braucht": Sie haben sich wieder in die Lage des anderen hineinzudenken, um herausfinden, wie Sie sich unverzichtbar machen können. Die dazu notwendige Prozedur, habe ich ja bereits hinlänglich erläutert. Die daraus resultierenden Vorteile sind Ihnen an dieser Stelle ebenso bekannt.

Es gibt aber noch darüber hinaus einen schönen Zusatzeffekt, wenn Sie sich mit Ihrem Umfeld beschäftigen. Dieser betrifft Ihre Persönlichkeitsentwicklung:

> **Etwas aus der Sicht von anderen zu sehen und sich in deren Lage zu versetzen, stärkt Ihre soziale Kompetenz deutlich.**

Falls Sie ausreichend trainiert haben, sich in andere hineinzudenken, löst sich auch bisher Unerklärliches im Verhalten von einigen Menschen in Wohlgefallen auf. Kennen Sie die Gründe, warum jemand sich verhält, wie er sich verhält, wird Ihnen sicher so manches Licht aufgehen. Wären Sie in der gleichen Situation gewesen, hätten Sie vielleicht genauso reagiert. Dies fördert nicht nur die Entwicklung einer ausgeprägten Toleranz, sondern dies wird auch Ihrem Selbstverständnis gut tun. Sie werden nämlich gleichzeitig über Ihr eigenes Handeln nachdenken.

Vielleicht entdecken Sie ja, dass auch Sie alles andere als selbstlos sind. Vielleicht steckt sogar in uns allen mehr Opportunismus, als wir wahrhaben wollen. Möglicherweise zeigen wir manchmal nur deshalb unsere beste Seite, weil wir uns knallharte Vorteile versprechen.

Schätzen Sie sich doch selbst einmal dahingehend ein. Dazu können Sie sich wieder einer kleinen Aufgabe zuwenden. Stellen Sie sich eine Person vor. Diesmal einen *BEKANNTEN* oder *VERTRAUTEN*, der bereits Teil Ihres sozialen Umfelds ist. Es sollte ein Mensch sein, bei dem Sie bewusst den Kontakt verbessern oder aufrechterhalten möchten. Jemand, der Ihnen wichtig ist. Bei dem Sie Gewehr bei Fuß stehen, wenn er Unterstützung benötigt. Diesmal brauchen Sie sich aber nicht in diesen Menschen hineinzuversetzen. Diese Übung haben Sie in diesem Buch ausreichend gemeistert. Jetzt sind Sie selbst an der Reihe. Nun haben Sie sich über Ihre eigenen Beweggründe bewusst zu werden, warum Sie den Kontakt zu dieser Person nicht abbrechen lassen wollen. Schreiben Sie wieder den betreffenden Namen in die Kopfzeile.

Zielperson: Frau/Herr ....
Warum zeige ich Engagement und halte grundsätzlich den Kontakt aufrecht?
Gibt es etwas Spezielles, was mir besonders nützlich ist?

Hätte ich handfeste
Nachteile, wenn ich
zu dieser Person den
Kontakt abbrechen
würde?

Wenn ja, welche?

Zu Übungszwecken können Sie das Ganze auch für jeden Einzelnen Ihres Umfelds durchführen. Warum halten Sie an bestimmten Menschen fest? Versprechen Sie sich dabei etwas?

Sie können es aber auch auf die Spitze treiben: Anstelle eines *BEKANNTEN* oder *VERTRAUTEN* können Sie auch Ihren Liebsten oder Ihre Liebste in den Fokus Ihrer Betrachtung stellen. Auch innerhalb dieses kleinen Zweier-Netzwerks werden Sie mehr oder weniger die bisher erwähnten Gegebenheiten wiederfinden. Entweder „man braucht sich", „man mag (liebt) sich" oder der „Zufall" spielt eine große Rolle. Meist treffen alle drei Gründe aufeinander, wenn feste Verbindungen entstehen.

Sind Sie mit Ihrem Partner einzig und allein aus dem Grund zusammen, weil Sie „ihn mögen (lieben)"? Oder gibt es da noch andere, etwas sachlichere Beweggründe? Was machen Sie, wenn die Liebe vom grauen Alltag eingeholt wird? Bieten Sie auch dann noch einen ausreichenden Anlass, damit die Partnerschaft weiter besteht? Sorgen Sie dafür, dass Sie auch „gebraucht werden"?

Und wie steht es mit der anderen Seite? Kennen Sie die Beweggründe, warum sich Ihr Schatz an Sie gebunden hat? Haben Sie sich ausreichend in Ihren Partner hineinversetzt? Haben Sie herausgefunden, was auf eine Nachfrage stößt?

Möglichweise spielt auch nur Gewohnheit eine Rolle. In diesem Fall würden Sie tatsächlich einen pragmatischen Anlass bieten. Ihr Partner „braucht Sie", damit Bequemlichkeiten nicht überwunden werden müssen. Eine neue Partnerschaft zu finden, kann auch anstrengend sein. Zudem müsste man sich auf Neues einstellen. Man könnte nicht in seinem alten Trott bleiben. Über alledem besteht noch das Risiko, dass alles schlechter laufen würde als bisher.

Natürlich ist Ihre Partnerschaft nicht Thema dieses Ratgebers. Die Art und Weise, sich über den anderen Gedanken zu machen, können Sie jedoch eins zu eins übernehmen. Falls Sie wünschen, dass Ihre Kontakte sich mehr um Sie bemühen, haben Sie herauszufinden, was diese aus deren Sicht an Ihnen als nützlich empfinden könnten.

Wir sind uns einig, dass dies ein unangenehm nüchterner Denkansatz ist, um die Ziele der „Erntephase" zu erreichen. Ich kann Ihnen jedoch versichern, dass der Appell an den Opportunismus von Menschen, insbesondere im beruflichen Bereich, sehr, sehr erfolgreich sein wird.

> **Den Opportunismus Ihrer Kontakte anzusprechen, ist oft die einfachste Methode, um Verbündete entstehen zu lassen.**

Schön ist aber auch, dass die Welt nicht ausschließlich aus Pragmatismus besteht.

Vielmehr ist das „gebraucht werden" oft nur ein wichtiger Wink mit dem Zaunpfahl, damit Ihre Kontakte schlussendlich beschließen, sich mehr mit Ihnen zu befassen. Es werden Tür und Tor geöffnet, um auch Sympathie entstehen zu lassen. Damit wären wir schon bei der zweiten Möglichkeit angelangt, um zu ernten, was Sie in der „Start- und Pflegephase" gesät haben.

4.2 Man mag Sie

Werden Sie von Ihren Kontakten „gebraucht", müssen Sie sich keine Sorgen machen, dass man sich nicht um Sie bemüht. Man wird mit Ihnen ein besseres Verhältnis anstreben wollen. Wenn man Sie zusätzlich noch sympathisch findet, umso besser.

Bieten Sie hingegen nur wenig Sachliches, sollten Sie einen Schwerpunkt auf dieses Kapitel legen:

> **Falls Sie nicht als unverzichtbar gelten, sollte man Sie zumindest sympathisch finden.**

Um es provakant auszudrücken: Falls „man Sie nicht braucht", sollte „man Sie zumindest mögen".

Der nun folgende zweite Denkansatz, warum man sich mit Ihnen verbünden sollte, fällt ein wenig sentimentaler aus: Ihre Kontakte bemühen sich jetzt um Sie, weil man Sie sympathisch findet. Damit entfernen wir uns von der unangenehm nüchternen Weltanschauung, wonach Menschen ausschließlich nach egozentrischen Mustern agieren.

Wir verlassen aber nicht vollständig die intellektuell erklärbare Welt. Im Prinzip ist der Fakt, dass „man Sie mag", auch ein Vorteil für das Gegenüber. Man fühlt sich sozusagen wohl in Ihrer Nähe. Ihre Kontakte erleben durch Sie eine Erhöhung ihres Energielevels. Dabei spielt Ihre Ausstrahlung die entscheidende Rolle.

Ich möchte jedoch keine Missverständnisse aufkommen lassen: Es geht hier nicht um Ihre sexuelle Ausstrahlungskraft – Ihr Charisma ist gemeint. Das heißt, wie anziehend Sie auf andere wirken, und zwar unabhängig davon, welchem Geschlecht Sie angehören.

Falls Sie bisher ganz bewusst Ihre (äußere) Attraktivität zur Schaffung von Beziehungen eingesetzt haben sollten, rate ich Ihnen ausdrücklich, damit aufzuhören. Auf diese Art zwischenmenschlicher Beziehungen können Sie keine beruflichen Karrieren aufbauen und schon gar nicht einen privaten Sicherheitsaspekt realisieren. Sie können förmlich darauf warten, bis Missverständnisse, Vorwürfe, aggressive Reaktionen oder sonstige unangenehme Emotionalitäten entstehen. Sie werden das Gegenteil erleben von dem, was Sie mit Ihrem Netzwerkaufbau ursprünglich vorhatten. Früher oder später werden Sie Gegner statt Verbündete erschaffen haben.

> **Fließen partnerschaftliche oder sexuelle Aspekte ein, wirkt sich dies auf das Networking kontraproduktiv aus.**

Im Übrigen tun sich gerade attraktive Menschen recht schwer, eine ausreichende Soziabilität zu entwickeln. Sie verfügen meist über schlechte Voraussetzungen, um neue Netzwerke zu schaffen. Diese Aussage ist ein Erfahrungswert und wird vielleicht für so manchen Leser etwas seltsam klingen. Es gibt aber eine recht simple Erklärung.

Viele Menschen, die das vermeintliche Glück hatten, als attraktive Erscheinung geboren zu werden, hatten es zumindest in einem bestimmten Lebensabschnitt etwas einfacher. In ihrer Jugend fanden sie besser Anschluss. Zudem lief die Partnerwahl problemloser und ‚nette Kontakte‘ kamen wie von selbst auf sie zu. Sie erfuhren praktisch automatisch eine gewisse gesellschaftliche Integration. So entstand nie aus soziologischer Sicht die Notwendigkeit, sich mehr um andere zu bemühen. Der Aufwand, durch Eigeninitiative neue Kontakte zu schaffen oder alte nachhaltig zu pflegen, musste nicht betrieben werden. Den gesellschaftlichen Druck, Soziabilität zu entwickeln, gab es in der Zeit des Heranwachsens nicht. Es war mehr oder weniger immer jemand da, der behilflich war bzw. sich bemühte.

So ist es nicht verwunderlich, dass insbesondere attraktive Menschen auf die wenigsten Verbündeten zurückgreifen können (meist in der zweiten Lebenshälfte). Zudem ist der Anteil, der unter Depressionen, Frustration oder Erfolgslosigkeit leidet, ungewöhnlich hoch. In der entscheidenden Entwicklungsphase des Erwachsenwerdens konnten sich Fähigkeiten wie beispielsweise Selbstreflexion, Toleranz, Anpassungsfähigkeit und Kontaktstärke meist nicht ausreichend entwickeln.

Je älter man jedoch wird, umso schwerer fallen Prozesse zur Persönlichkeitsentwicklung. Einige schaffen das, andere nicht. Tragischerweise bleiben dann viele im gewohnten Trott hängen. Sie setzen für ihre gesellschaftliche Integration weiterhin auf den Faktor Attraktivität. Manche entscheiden sich sogar für chirurgische Lösun-

Erntephase

gen. Leider bemerken auch diese Leute, dass dadurch das eigentliche Problem nicht zu kompensieren ist. Im hohen Alter muss dann mühselig das nachgeholt werden, was andere schon in ihrer Jugend automatisch entwickelt haben.

Ich hoffe, ich habe nun unmissverständlich geklärt, was ich nicht unter dem Prinzip „man mag Sie" verstanden wissen möchte. Vielmehr lautet meine Definition folgendermaßen:

> **Man bemüht sich nicht aus sexuellen oder ähnlichen Gründen um Sie, sondern weil man Sie als Mensch schätzt.**

Sicher ist dies ein schöner Gedanke: Man erfährt Hilfe, weil man gemocht wird. Diese angenehme Weltanschauung hat aber auch ihren Preis. Es geht um eine ziemlich komplizierte Materie. Emotionale, soziale und vor allem logisch nicht eindeutig erklärbare Einflüsse spielen eine große Rolle. Das Ganze wird sich bedeutend komplexer erweisen, als der rein sachlich erklärbare Faktor des „Gebrauchtwerdens".

Der allererste Schritt, um seine Sympathiewerte zu erhöhen, ist bereits äußerst anspruchsvoll. Sie müssen zunächst mentale Voraussetzungen schaffen:

> **Es muss Ihnen egal sein, ob man Sie mag oder nicht.**

Es ist wahrscheinlich unmöglich, diese Einstellung hundertprozentig leben zu können. Schon allein die dazu notwendige Selbstsicherheit zu entwickeln, wird eine fast unlösbare Aufgabe sein. Nichtsdestotrotz – es sollte zumindest in diese Richtung gehen. Allein, wenn Sie es nur ansatzweise schaffen, dass Sie Ihrer Beliebtheit keine allzu große Bedeutung beimessen, werden Sie eine wichtige Basis schaffen, um „gemocht zu werden".

Im Übrigen werden Sie sicher auch den vermeintlichen Widerspruch bemerkt haben: Auf der einen Seite, sollte Ihnen egal sein, ob

„man Sie mag", auf der anderen Seite möchten Sie genau dies bewirken. Die Erklärung liegt darin, dass in diesem Kapitel sich nun das Objekt des Interesses verändert. Beim Ernteprinzip „man braucht Sie" hatten Sie sich über die Situation von anderen oder über den ganzen Arbeitsmarkt den Kopf zerbrochen. Jetzt hingegen stehen Sie selbst im Fokus:

> **Damit Sie sympathisch wirken können, haben Sie sich in erster Linie mit sich selbst zu befassen.**

Es ist in der Regel selten möglich, sich bewusst vorzunehmen, beliebt zu sein. Wenn Sie sich mit aller Gewalt anbiedern, werden Menschen dies instinktiv spüren. Schnell können Sie so wichtige Kontakte vergraulen. Natürlich sind manche in der Lage, mit ein wenig schauspielerischem Talent etwas vorzutäuschen oder gewisse Verhaltensweisen anzunehmen. Dies funktioniert allerdings nur bis zu einem bestimmten Grad. Echte *VERTRAUTE* werden so niemals geschaffen werden können. Sympathie entsteht anders:

> **Nicht Ihr äußeres Handeln, sondern Ihre innere Einstellung ist der Hauptfaktor dafür, welche Ausstrahlung Sie haben.**

Ihr grundsätzliches Naturell ist hingegen nur schwer veränderbar. Wenn Sie also versuchen, Ihr Wesen zu verbiegen, geht die Sache schief. Es gilt heute als gesichert, dass der Großteil Ihrer Persönlichkeit genetisch festgelegt ist. Auf welche Weise Sie jedoch damit umgehen, dies können Sie sehr wohl optimieren. Sie allein bestimmen, was Sie über sich denken. Und exakt dies strahlen Sie auch aus. Unterschätzen Sie die Intuition anderer nicht. Möchten Sie also auf eine bestimmte Weise wirken, haben Sie sich mit Ihrem Inneren auseinanderzusetzen. Damit geht es hier nur um eine einzige Grundsatzfrage:

> **Wie kann ich meine innere Haltung verbessern, damit sich meine Wirkung auf die Umwelt positiv verändert?**

Eine Unmenge von Büchern und sonstige Publikationen sind darüber verfasst worden. Unzählige Philosophien gibt es zu diesem Thema. Jedoch unterscheiden sich die darin geäußerten Meinungen und Empfehlungen erheblich. Es werden zum Teil sogar völlig gegensätzliche Ansichten vertreten.

Die Frage, wodurch letztendlich Sympathie entsteht, wird wahrscheinlich niemals vollständig beantwortet werden können. Dennoch gibt es einige unstrittige Faktoren, wie sich die emotionale Wirkung auf die Umwelt verbessern lässt. Ich werde mich auf die Erläuterung dieser eindeutigen Punkte beschränken. Erfahrungsgemäß ist dies auch völlig ausreichend, um gute Erfolge im Networking zu erzielen.

Ohne Frage, es gibt klassische Sympathieträger. Menschen, die nichts anderes tun müssen, als einfach nur anwesend zu sein, damit „man sie mag". Solche Glückspilze sind jedoch eine sehr große Ausnahme. Sie sollten sich nicht an Exoten orientieren. Zudem müssen Sie diesen Anspruch auch nicht haben. Ihre im Allgemeinen vorhandenen, persönlichen Voraussetzungen reichen völlig aus. Es ist unbestritten, dass der Homo sapiens ein soziales Wesen und kein Einzelkämpfer ist. Da Sie zu dieser Gattung Lebewesen zählen, besitzen Sie bereits eine natürlich veranlagte Anziehungskraft auf andere. Sie müssen ihr nur die Chance geben zu wirken.

In den meisten Fällen erzielen Sie schon erste Erfolge, wenn Sie nur ein paar schlechte Gewohnheiten ablegen. Optimieren Sie dazu noch einige allgemeine Denkweisen, werden Sie schnell Ihre Sympathiewerte erhöhen können.

In den folgenden Unterkapiteln biete ich Ihnen Gelegenheit, sich entsprechend zu bewerten. Dabei wird es um folgende Faktoren gehen, damit „man Sie mehr mag":

1. **Authentizität**

2. **Integrität**

3. **Führungsstärke**

4. **Erfolg**

4.2.1   Authentizität

Erfahrungsgemäß genügt es schon, wenn Sie andere nicht zu sehr abschrecken, sich Ihnen anzunähern. Dafür ist es sehr hilfreich, authentisch zu sein.

Bei diesem Thema spielt das Bauchgefühl, Intuition, Empathie, etc. des Gegenübers eine wichtige Rolle. Wie Sie wissen, nehmen andere Sie nicht nur optisch (sehen) und auditiv (hören), sondern in der Hauptsache über eine tiefer liegende Gefühlsebene wahr. Stimmt überein, was der andere bei Ihnen fühlt, mit dem was er von Ihnen zu hören oder zu sehen bekommt, entsteht für ihn emotionale Eindeutigkeit. Sie sind sozusagen gut einschätzbar. Sie strahlen Authentizität aus. Das Gegenüber kann dadurch klar beurteilen, ob Sie eher bedrohlich oder harmlos sind. Dabei ist es egal, welcher Schluss gezogen wird. Wichtig ist nur, dass der andere zu einem grundsätzlichen Ergebnis kommt. So können Menschen entscheiden, Abwehrmaßnahmen einzuleiten oder aber auch nicht. Man ist vorbereitet und weiß, was zu tun ist. Ihr Gegenüber fühlt sich schlicht sicher.

Jetzt setze ich einmal voraus, dass Sie keine bedrohlichen Ziele gegenüber Menschen verfolgen. Bleiben also nur harmlose Absichten Ihrerseits übrig. Dennoch kann es passieren, dass man Ihnen gegenüber im Übermaß vorsichtig reagiert. Dies kommt immer dann vor, wenn Sie eine äußere Rolle einnehmen, die mit Ihrem Inneren im Widerspruch steht. Für das Gegenüber entsteht eine ungeklärte Situation. Das was man hört und sieht stimmt nicht mit dem überein, was man fühlt. Es werden vorsichtshalber innere Abwehrmaßnahmen eingeleitet. Obwohl Sie im Vorfeld völlig harmlose Absichten hatten, werden Sie mit einer „Habachtstellung" konfrontiert. Ihr Gegenüber erlebt subjektiv eine Art Bedrohungssituation. Dass Sie in diesem Moment nicht sympathisch wirken können, versteht sich von selbst.

> **Stimmt Ihre Gefühlwelt nicht mit dem überein, was Sie sagen oder tun, ist es nicht möglich, sympathisch zu wirken.**

Auch wenn viele Menschen mit denen Sie zusammentreffen sich nicht bewusst sind, was sie genau spüren, so schlägt deren Intuition dennoch Alarm. Und infolgedessen erleben Sie dann die unangenehme Situation, dass man Ihnen mit Mistrauen begegnet. Im Extremfall reagiert man auf Sie sogar mit Aggression. Sie haben genau das Gegenteil von dem produziert, was Sie ursprünglich vorhatten. Kurzum:

Authentizität ist die Voraussetzung für Sympathie.

Sicher stimmen Sie mir zu, dass wir alle ab und zu eine bestimmte Rolle spielen. Dies ist in einigen Situationen zweckmäßig und manchmal geht es auch nicht anders. Aber alles hat seine Grenzen. Wird das Rollenspiel zu einem Dauerzustand, sollte man sich sehr wohl überlegen, warum man dies tut. In der Regel geht es um Ängste.

Um sich vor einem imaginären Gegner zu schützen, haben viele Menschen ihrer Gefühlswelt eine äußere Rolle dauerhaft übergestülpt. Man traut sich nicht, sich selbst zu zeigen. In allerletzter Konsequenz könnte man also auch Folgendes behaupten:

Ängste verhindern Authentizität – sie machen unsympathisch.

Diese Regel kann im Übrigen auch bei der Bewertung anderer Menschen sehr hilfreich sein. Treffen Sie z.B. auf jemanden, der auf Sie spontan unsympathisch wirkt, können Sie mit hoher Wahrscheinlichkeit davon ausgehen, dass dieser Mensch von bestimmten Ängsten geplagt ist. In diesen Fällen gibt es also keinen Grund, seine guten Manieren zu vergessen. Vielmehr wäre Mitleid und Hilfestellung angebracht.

Nun zu Ihnen: Was meinen Sie? Betrifft Sie das Thema der mangelnden Authentizität? Passiert es Ihnen öfter, dass sich Menschen Ihnen gegenüber verschließen? Werden Sie im Extremfall manchmal gemieden oder sogar gemoppt? Dann ist die Wahrscheinlichkeit mehr als hoch, dass Ihr äußeres Verhalten zu stark von Ihrer inneren Gefühls-welt abweicht. Klären Sie nun, ob es notwendig ist, authentischer zu sein. Nutzen Sie dazu die folgende Tabelle:

	Bin ich ausreichend authentisch?
Wann haben Sie sich zuletzt bewusst unnahbar präsentiert?	
Was wollten Sie dadurch erreichen?	
War dies unbedingt nötig?	
Verstellen Sie sich grundsätzlich, wenn Sie auf Fremde treffen?	
Wenn ja, warum?	
Bessert sich dies bei näherem Kennenlernen?	
Haben Sie das Gefühl, dass Sie schon Ihr ganzes Leben eine bestimmte Rolle spielen?	
Wenn ja, warum?	
Was können Sie tun, um das abzulegen?	

In der Regel legen Sie nicht von heute auf morgen bestimmte Verhal-tensmuster ab. Insbesondere dann, wenn Ängste und Sorgen eine Rolle spielen. Sie können aber Schritt für Schritt beginnen, sich Ihrer Gefühlslage bewusst zu werden:

Beginnen Sie, Verhalten und Stimmungen zu synchronisieren.

Das heißt, wenn Sie sich freuen, jemanden zu sehen, dann zeigen Sie dies auch. Wenn Sie sich ärgern, sollten Sie nicht so tun, als wäre alles in Ordnung. Und wenn Sie schlecht drauf sind, dann spielen Sie nicht gekünstelt den Spaßvogel.

Wie weit Sie schließlich mit Ihrem authentischen Auftreten gehen können, sagt Ihnen sicher der gesunde Menschenverstand. Es versteht sich von selbst, dass das Ausleben Ihrer Stimmungen an der Stelle zu enden hat, wo Sie andere nerven oder Sie deren Gefühlswelt zum Negativen beeinflussen.

4.2.2 Integrität

Falls Sie es schaffen, öfter authentisch zu wirken, haben Sie schon sehr viel geleistet. Sie haben das Fundament gelegt, um besser eingeschätzt werden zu können. Auf dieser Basis können Sie besonders gut ein Image der Vertrauenswürdigkeit aufbauen.

Integer zu sein ist eigentlich ein Kinderspiel. Es hat hauptsächlich mit gehobenen Umgangsformen zu tun. Ich setze voraus, dass Sie wissen, was darunter verstanden wird. Dennoch kann es passieren, dass man in der Hektik des Alltags einiges vergisst. Dies lässt den Schluss zu, dass man nicht oft genug daran erinnern kann. Dies tue ich nun mit diesem Unterkapitel. Es geht also an dieser Stelle um Selbstverständlichkeiten. Dennoch möchte ich darauf ein wenig näher eingehen. Dies hat seinen besonderen Grund:

Integrität ist für das Networking überlebenswichtig.

Möchten Sie durch Ihre Kontakte jemals weiterempfohlen werden oder wichtige Insiderinformationen zugespielt bekommen, muss man Ihnen logischerweise über den Weg trauen:

Ihre Kontakte sollten für Sie Ihre Hand ins Feuer legen wollen.

Um dies zu gewährleisten, haben Sie neben Ihrer Authentizität auf folgende Verhaltensmuster zu achten:

1. **Kommunikation**

2. **Diskretion**

3. **Zuverlässigkeit**

Kommunikation

Schon aufgrund Ihrer Art und Weise, wie Sie kommunizieren, wird auf Ihre Vertrauenswürdigkeit rückgeschlossen. Falls sich z.B. jemand über Dritte negativ äußert, begehen Sie nicht den Fehler mit einzustimmen.

> **Äußern Sie sich nie kritisch über nicht anwesende Personen.**

Sollten Sie doch einmal gezwungen sein, über abwesende Menschen sprechen zu müssen, dann bitte immer in einer positiven Art und Weise. Üben Sie sich in Zurückhaltung. Negative Äußerungen könnten über andere zu Dritten gelangen und für Sie sehr unangenehm ausgelegt werden. Im schlechtesten Fall werden Ihre kritischen Äußerungen sogar übertrieben dargestellt.

> **Versuchen Sie niemanden die Möglichkeit zu geben, dass er Sie mit Negativem über eine dritte Person zitieren kann.**

Selbstverständlich ist es in der Regel unumgänglich, auch Kritik auszusprechen. Dies ist nun mal nicht immer zu vermeiden. Zudem würde es auch Ihrer Authentizität schaden, immer nur gute Miene zum bösen Spiel zu machen. Sind Sie also einmal gezwungen, Ihrem Ärger Luft zu verschaffen, dann machen Sie dies immer unter vier Augen. Unterschätzen Sie diesen Punkt bitte nicht. Die emotionale Schmerzgrenze von Menschen ist nur schwer einschätzbar. Insbesondere gegenüber Kritik in der Öffentlichkeit sind viele sehr empfindlich. Dies gilt im Übrigen auch für harmlose Albereien, die auf Kosten anderer gehen:

Neckereien oder kritische Äußerungen im Beisein anderer, können im Extremfall als direkter Angriff aufgefasst werden.

So mancher wird Ihnen das niemals verzeihen. Leider sprechen Betroffene ihre Empfindungen meist nicht aus. Vordergründig bemerken Sie beim anderen vielleicht keine nennenswerte Reaktion. Jedoch wundern Sie sich irgendwann, warum der Beziehungsaufbau aus unerklärlichen Gründen ins Stocken gerät oder Sie auf einmal gemieden werden.

Ebenso begegnet man immer wieder Menschen, die unter dem Deckmäntelchen der ‚Ehrlichkeit' unverschämte und zynische Aussagen rechtfertigen.

Wägen Sie sorgfältig ab, ob es in allen Fällen wirklich unbedingt notwendig ist, jemand die Meinung zu sagen.

Darüber hinaus sollten Sie sich überlegen, ob Sie mit Kritik tatsächlich eine positive Veränderung bewirken wollen. Vielmehr kann man sich manchmal erwischen, dass man anderen nur eins auswischen möchte. Diese Unart sollte, sofern vorhanden, abgelegt werden. Oft ist mit dieser sogenannten ‚falschen Ehrlichkeit' niemandem geholfen – Ihnen nicht und dem anderen auch nicht.

Die Beachtung positiver Kommunikationsformen gilt auch für den Schriftverkehr. Dies betrifft heute in der Hauptsache E-Mails, SMS und die Nachrichtenfunktionen der Online-Netzwerke. Vermeiden Sie darin Beschwerden, Kritikpunkte, emotionale Spitzen oder sonstige negative Nachrichten. Auch auf Ironie und Sarkasmus sollte unbedingt verzichtet werden. Missverständnisse sind ansonsten vorprogrammiert. Stattdessen sollten Sie sich etwas anderes angewöhnen:

Legen Sie besonders bei Texten größten Wert auf Höflichkeit.

Dieter L. Schmich

Die nonverbale Ebene der Kommunikation ist ein wichtiger Faktor des menschlichen Austauschs. Betonung, Mimik und Stimmlage liefern wichtige Zusatzinformationen. Durch diese unterschwellige Unterlegung von Sprache wird das Risiko von Missverständnissen minimiert und die Eindeutigkeit der Botschaft erheblich erhöht. Dies alles kann ein geschriebener Text nicht gewährleisten.

Insbesondere bei Xing oder LinkedIn wird großen Wert auf gehobene Umgangsformen gelegt. Die Worte „Danke", „Bitte", etc. spielen eine große Rolle in Business-Communities. Falls Sie z.B. nach einer Kontaktanfrage eine Bestätigung erhalten haben, ist es üblich, sich dafür auch zu bedanken.

Des Weiteren sollten Sie bedenken, dass einmal Geschriebenes für immer der Nachwelt erhalten bleiben könnte (besonders online).

> **Überlegen Sie zweimal, was Sie schriftlich fixieren.**

Spontane ‚emotionale' Texte sind prädestiniert, negative Interpretationen oder beleidigte Reaktionen beim Empfänger auszulösen. Halten Sie sich daher auch im Schriftverkehr an die bereits erwähnte Regel:

> **Probleme, Beschwerden oder sonstige negative Punkte sollten grundsätzlich persönlich besprochen werden.**

Zur Not ist es immer möglich, das Telefonat in die Hand zu nehmen (auch in Ihrer Online-Community). Falls Sie dennoch nicht umhin kommen, negative Nachrichten schreiben zu müssen, verpacken Sie diese zumindest in positive Einstiegs- und Schlussformulierungen.

Diskretion

Können Sie ein Geheimnis wirklich für sich behalten? Auch wenn dies der Fall ist, sollten Sie auch mit trivialem Wissen über Dritte fürsorglich umgehen. Auch dann, wenn es aus Ihrer Sicht nur harmlose Punkte sind. Sie werden nie wissen, ob der Betroffene dies vielleicht anders sieht. Darin liegt jedoch nicht das Hauptproblem.

Ob Sie sich ein diskretes Image in Ihrem Netzwerk aufbauen können, hängt nicht nur davon ab, ob es je herauskommt, dass Sie etwas verraten haben. Vielmehr ist der Empfänger, dem Sie vertrauliche Informationen übermitteln, das eigentliche Problem:

> **Geben Sie Vertrauliches an jemanden weiter, werden Sie wahrscheinlich von derselben Person als indiskret eingestuft.**

Vielleicht fühlt sich Ihr Gesprächspartner geschmeichelt, weil Sie ihn in eine Sache einweihen, die eigentlich niemanden etwas angeht. Eventuell tut er aber auch nur so und weiht Sie scheinbar ebenso in diskrete Dinge ein. Nichtsdestotrotz – insgeheim wird dieselbe Person Ihnen unterstellen, dass Sie nicht vertrauenswürdig sind.

Es gilt die Regel, dass Menschen, die leichtfertig Privates über Dritte ausplappern, ebenfalls nicht verschwiegen sind, wenn es um Wichtiges geht. Haben Sie erst einmal einen solchen Ruf erlangt, werden Sie es sehr schwer haben, jemals Insiderinformationen zugespielt zu bekommen.

Zuverlässigkeit

Auf wen in Ihrem Umfeld können Sie sich blind verlassen? Halten Sie ein paar Minuten inne – und jetzt die nächste Frage: Wer von denjenigen, die Ihnen eingefallen sind, halten grundsätzlich alle Verabredungen ein? Wer erscheint zudem dabei immer pünktlich?

Wie viele Menschen, die Sie kennen, erfüllen alle diese drei Kriterien zugleich? Erstaunlich, wie gering diese Zahl ist, nicht wahr?

Kennen Sie Personen, die grundsätzlich ein bisschen später zu einer Verabredung erscheinen? Gibt es auch welche, die über ihr unpünktliches Erscheinen rechtzeitig Bescheid geben und zugleich meinen, dass dadurch alles in Ordnung sei? Die niemals bemerken (oder

Dieter L. Schmich

bemerken wollen), dass andere es dennoch als Unverschämtheit empfinden.

Es gibt Menschen, die es sich sogar regelmäßig leisten, Verabredungen komplett abzusagen. Auch hier sind immer wieder plausible Erklärungen zu hören, warum es nicht anders zu machen war. So gibt es für die versetzte Person keinen vordergründigen Anlass, sich zu ärgern. Vorwürfe sind nicht möglich. Schließlich möchte man verständnisvoll und tolerant sein. Aber man ärgert sich dennoch – und dies zu Recht.

Auch wenn die vorstehenden Beispiele trivial erscheinen mögen – das Ganze geht weit über das Thema ‚pünktliches Erscheinen' hinaus. Die Beschreibung zahlloser weiterer Situationen wäre möglich. Letztendlich geht es um das Thema Respekt. Gerät man in den Verdacht, andere Menschen nicht ausreichend zu achten, kann die gesamte Zuverlässigkeit infrage gestellt werden.

Möchten Sie jemals von Ihren Kontakten ins Spiel gebracht werden, wenn lukrative Chancen zu vergeben sind, müssen Sie in hohem Maße sicherstellen, als ausgeprägt zuverlässig zu gelten. Dabei ist das grundsätzliche Einhalten von Terminen sicher der einfachste Weg, um zu zeigen, dass man sich auf Sie verlassen kann. Erscheinen Sie zudem ohne Ausnahme auf die Minute pünktlich, wird dies hundertprozentig positiv auffallen.

> **Streben Sie absolute Zuverlässigkeit an!**

Darüber hinaus sollten Sie zu den wenigen Personen zählen, die ohne Ausnahme Versprechen oder sonstige Zusagen einhalten. Auch dann, wenn es manchmal Mühe macht. Das Schlimmste, was Ihnen widerfahren kann, ist, in Ihrem Netzwerk als Schwätzer abgestempelt zu sein.

Setzen Sie diese Empfehlungen zum Thema Zuverlässigkeit um, werden Sie wahrscheinlich niemals darauf angesprochen werden. Auf Lob oder ein positives Feedback werden Sie ebenso vergeblich warten. Lassen Sie sich jedoch nicht täuschen – Sie können darauf wetten, dass es sehr wohl registriert wird. Eine entsprechende positive Kommunikation über Ihre Person (und zwar, wenn Sie nicht anwesend sind) wird die logische Folge sein.

Nun können Sie sich wieder selbst überprüfen. Wie schätzen Sie Ihre Kommunikation, Diskretion und Zuverlässigkeit ein? Nutzen Sie dafür die folgende Tabelle.

	Wie steht es mit meiner Vertrauenswürdigkeit?
Wann war ich das letzte Mal unpünktlich?	
Was war der Grund meiner Verspätung?	
War das wirklich nicht vermeidbar?	
Kann man sich immer auf meine Aussagen verlassen?	
Wann habe ich das letzte Mal bestimmte Absprachen nicht eingehalten?	
Über welche Abwesenden habe ich mich schon negativ geäußert?	
Musste dies unbedingt sein?	
Kann ich Geheimnisse für mich behalten?	
Welche Menschen würden für mich die Hand ins Feuer legen?	
Würden diese mich empfehlen, wenn es um eine wichtige Sache ginge?	

4.2.3   Führungsstärke

Der Begriff Führungsstärke wird meist im beruflichen Kontext verwendet. An dieser Stelle geht es aber nicht um Verhaltensweisen oder Eigenschaften, die Sie ausschließlich für Führungspositionen im Berufsleben prädestinieren. Sie können durchaus auch im privaten Bereich oder als untergeordneter Mitarbeiter Verantwortung für sich und für andere übernehmen. So mancher Lebenspartner oder Chef wird oft geführt, ohne dass er es bemerkt.

Im Übrigen wird oft fälschlicherweise angenommen, dass dominantes oder extrovertiertes Auftreten vonnöten wäre. Führungsstarke Menschen müssen keinen Druck ausüben. Ebenso sind sie keine Selbstdarsteller. Sie müssen nicht das Alphatier zur Schau stellen. Das öffentliche Ausleben von Eitelkeiten haben sie nicht nötig.

Tatsächlich führungsstarke Persönlichkeiten strahlen Ruhe, Kraft und soziale Kompetenz aus. Sie verfügen über eine ausgeprägte Toleranzbandbreite und sind im hohen Maße zentriert. Eine starke Anziehungskraft ist die logische Folge. Solchen Leuten folgt man aus freien Stücken, da man sie nicht nur achtet, sondern sich in ihrer Nähe auch wohlfühlt.

Das heißt, um seine Sympathiewerte zu erhöhen, ist es unumgänglich an seiner Führungsstärke zu arbeiten. Sie können Ihre Anziehungskraft auf andere Menschen erheblich steigern.

Um mehr „gemocht zu werden", spielt dieses Thema also eine nicht unerhebliche Rolle. Speziell für das Networking müssen jedoch nicht alle Elemente der Führungslehre betrachtet werden. Ich beschränke mich auf folgende vier Punkte:

1. Eigenverantwortung

2. Lob aussprechen

3. Offenheit

4. „Du" anbieten

Eigenverantwortung

Wenn etwas gerade nicht rund läuft, erkennt man eigenverantwortliche Menschen recht schnell. Sie geben nicht in erster Linie dem System, anderen Personen, dem Elternhaus oder sonstigen Umständen die Schuld. Zudem fühlen sie sich nicht ständig benachteiligt oder ungerecht behandelt. Falls sie einmal zu wenig Aufmerksamkeit, Anerkennung oder Lob erhalten, fühlen sie sich auch nicht sofort ausgegrenzt. Kurzum – Sie haben kein Opfer-Abonnement:

> **Eigenverantwortliche Menschen nehmen selten eine Opferhaltung ein.**

Solche Personen schreien nicht nach dem Staat, wenn Sie Hilfe brauchen. Sie haben den Anspruch, sich selbst zu helfen. Haben sie zudem einen unpassenden Partner, zu wenig Geld, einen unbefriedigenden Job oder die falschen Freunde, wissen sie, dass sie dafür eine Mitschuld tragen. Sie waren es selbst, die im Vorfeld den Arbeitgeber nicht richtig eingeschätzt, sich für den falschen Partner entschieden oder oft zu wenig getan und zu spät reagiert haben.

Sie hadern nicht mit Gegebenheiten, die sie sowieso nicht ändern können. Zudem nutzen sie keine Kindheitserlebnisse, um Charakterschwächen zu rechtfertigen. Solche Menschen sind zu der Überzeugung gelangt, dass Sie Verantwortung für ihren aktuellen Status zu übernehmen haben. Darüber hinaus handeln sie, anstatt abzuwarten.

Personen, die die Initiative ergreifen, haben es leichter. Sie sind meist allen anderen einen Schritt voraus. Zudem machen sie regelmäßig für die Entwicklung ihrer Selbstsicherheit eine wohltuende Erfahrung. Sie lernen, dass viel mehr zum Positiven veränderbar ist, als sie im Vorfeld dachten. So haben sie die Zügel fürs Leben fest in der Hand.

> **Eigenverantwortliche Menschen ändern etwas, wenn sie mit einer bestimmten Situation unzufrieden sind.**

Eigenverantwortliche Menschen hoffen somit nicht, dass jemand vorbeikommt und ihnen die Last des Agierens abnimmt. Sie treffen Entscheidungen und sind dementsprechend aktiv. Mit allen positiven und negativen Randerscheinungen.

> **Wer handelt, entwickelt das Gefühl der Selbstbestimmtheit.**

Daraus resultiert logischerweise ein souveränes Auftreten. Schnell entsteht eine charismatische Anziehungskraft.

Lob aussprechen

In der Regel spricht die in der Hierarchie oben stehende Person Lob aus. Das bedeutet, Eltern loben ihre Kinder, Starke tun dies mit Schwachen und Chefs geben Mitarbeitern Anerkennung:

> **Der Starke lobt, der Schwache will gelobt werden.**

Dies können Sie im Übrigen tagtäglich selbst überprüfen. Wenn Sie ein vermeintliches Lob von jemandem erhalten, dem Sie sich erheblich überlegen fühlen, wird sich Ihr positives Gefühl in Grenzen halten. Spricht hingegen jemand ein Lob aus, den Sie sogar bewundern, wird Ihre Freude groß sein.

Wer die Initiative für Lob übernimmt, zeigt deutlich seine Führungsrolle. Jeder hat damit die Wahl. Sie können in Zukunft entscheiden, ob Sie eine untergeordnete, schwache Haltung oder eine übergeordnete, starke Position gegenüber Ihren Kontakten einnehmen möchten. Ich empfehle Ihnen deshalb Folgendes:

> **Machen Sie frühzeitig Komplimente und loben Sie.**

Trauen Sie sich! Warten Sie nicht ewig ab, bis Ihre Kontakte damit anfangen. Rechnen Sie nicht auf, sondern übernehmen Sie frühzeitig die Führung! Fällt Ihnen etwas Positives am anderen auf, dann sprechen Sie das auch aus. Egal, ob man sich im Vorfeld Ihnen gegenüber in ähnlicher Weise verhalten hat. Dies ist kein Anbiedern. Positive Feedbacks, die ernst gemeint sind, wirken authentisch.

Selbstverständlich wäre Voraussetzung, dass Ihnen auch etwas Positives auffällt. Erfahrungsgemäß hat jede Person etwas an sich, das Anerkennung verdient – Sie müssen es nur sehen wollen.

> **Halten Sie Ausschau nach Positivem bei Ihren Kontakten.**

Durch das Aussprechen von Lob dokumentieren Sie zusätzlich Ihre Beobachtungsgabe und soziale Kompetenz.

Im Übrigen erhalten die meisten Menschen in ihrem Alltag sehr wenig oder gar kein Lob. Sie saugen jede Kleinigkeit positiver Aufmerksamkeit wie ein Schwamm auf. Wenn gerade Sie es sind, die Komplimente aussprechen, wird sich das für Sie auszahlen. Sie dokumentieren nicht nur subtil Ihre Stärke, sondern Sie werden auch einen bleibenden Eindruck hinterlassen.

Offenheit

Hier geht es um einen ähnlichen Themenkomplex, wie bei der Entwicklung von Authentizität. Sie haben Mut aufzubringen, um sich gegenüber Menschen emotional öffnen zu können. Dies ist in der Regel nur für ‚starke‘ Persönlichkeiten ohne Weiteres möglich.

Mir ist bewusst, dass jeder neue Kontakt mehr oder weniger ein emotionales Risiko darstellt. Die jeweilige Person ist noch nicht genau einschätzbar. In unserer fiktiven Vorstellungswelt drohen Ablehnung oder Respektlosigkeit.

Es sind subtile Ängste zu überwinden. Der Fähigkeit sich zu öffnen, kommt gerade beim Networking eine maßgebliche Bedeutung zu. Schließlich wird man permanent mit Kontakten konfrontiert, bei denen noch kein richtiges Vertrauensverhältnis besteht. Man hat emotionalen Mut zu beweisen, um dieses Manko zu meistern. Das heißt für Sie, dass Sie nicht zögern sollten. Zeigen Sie Führungsstärke und machen Sie den ersten Schritt:

> **Offenbaren Sie als erster etwas von sich.**

Sie werden dadurch Ihren Gesprächspartner aufrütteln können. Er fühlt sich geschmeichelt und entwickelt im Gegenzug Vertrauen zu Ihnen. Er wird sich ebenso öffnen. Das Eis wird gebrochen und es entsteht die Basis, damit aus *POSITIVEN KONTAKTEN* auch *BEKANNTE* oder sogar *VERTRAUTE* entstehen können.

Gerade im beruflichen Bereich schaffen es die meisten nicht, entsprechende Initiative zu zeigen. Dies ist Ihre Chance, was am Beispiel des erfolgreichsten Networkers der letzten Jahrzehnte sehr schön aufzuzeigen ist:

Beispiel:

Der deutsch sprechende Vladimir Putin wurde einmal in einem Interview gefragt, was ihn bisher an Helmut Kohl am meisten beeindruckt habe. Daraufhin erzählte er folgende Anekdote:

Vor vielen Jahren gab es einen offiziellen Staatsempfang in Moskau. Putin wurde von Kohl besucht. Damals war es das allererste Zusammentreffen der beiden Staatsmänner. Zwischen den beiden Nationen gab es viel Politisches zu besprechen. Als sie sich endlich zu einem ersten persönlichen Gespräch unter vier Augen zurückziehen konnten, startete Kohl nicht mit den anstehenden offiziellen Themen, sondern erzählte zunächst Einzelheiten aus seiner Kindheit sowie über sein emotionales Verhältnis zu seiner Großmutter. Und das, obwohl gerade einmal drei Stunden seit ihrem ersten Aufeinandertreffen vergangen waren.

So viel Offenheit, so Putin, war für ihn sehr überraschend. Dies hätte ihn tief beeindruckt.

Insbesondere in unserem Kulturkreis haben Sie es mit sehr großen Ängsten zu tun, wenn es um den Austausch tiefer gehender Themen geht. In der Regel warten dann viele erst einmal ab, bis sich die Gegenseite mehr zu erkennen gibt. Dies kann gerade beim Networking sehr kontraproduktive Folgen haben. Kontakte finden nur deshalb nicht zusammen, weil sich beide Seiten gleichermaßen zurückhalten. Dies ist natürlich sehr schade. Möglicherweise könnte man sich gegenseitig bestimmte Wünsche erfüllen. Allerdings kommt es nie dazu, weil keiner den Mut hat, den ersten Schritt zu wagen.

> **Führungsstarke Menschen übernehmen Verantwortung für die emotionalen Ängste anderer und öffnen sich zuerst.**

Es ist nicht notwendig, gleich intime Details auszuplappern. Es bieten sich durchaus auch folgende, harmlose Themen an:

- **Einige familiäre Aspekte.**
- **Kürzlich erlebte Alltagsgeschichten aus dem Privatleben.**
- **Die eine oder andere Gefühlsempfindung.**
- **Persönliche Ansichten über aktuelle Geschehnisse.**

Wie weit Sie dem Gegenüber Einblick in Ihre Persönlichkeit geben möchten, hängt von Ihrer Risikobereitschaft ab. Je weiter Sie gehen, umso mehr wird sich erfahrungsgemäß auch Ihr Gesprächspartner aus dem Fenster lehnen.

Im Übrigen trifft dies auch auf den Schriftverkehr zu. Diesen eher sachlichen Kommunikationskanal können Sie ein wenig emotionalisieren, indem Sie dem Empfänger ein paar wenige, tiefer gehende Einblicke vermitteln. Es ist möglich, ein paar harmlose Stimmungen oder private Aspekte einfließen zu lassen. Aber auch mit der Anrede, können Sie ein Stück Offenheit dokumentieren: Folgende Rangliste der Vertrautheit ist auch im Geschäftsleben üblich:

1. **Erster Austausch:** Sehr geehrte/r Frau/Herr ...

2. **Danach:** Hallo Frau/Herr ...

3. **Später:** Liebe/r Frau Herr ...

Je öfter Sie sich mit jemandem schriftlich austauschen, umso mehr private Einblicke sollten Sie dem anderen gewähren:

> „Ich konnte nicht gleich zurückrufen, weil ich meine Mutter abholen musste."

> „Entschuldigen Sie bitte, dass ich bei der letzten Mail den Anhang vergessen habe. War wohl mit meinem Kopf bei meinem Auto, das heute seinen Geist aufgegeben hat."

> „Bin heute nicht richtig auf dem Damm. Habe heute Nacht wirklich schlecht geschlafen."

> etc.

Unabhängig davon, ob Sie verbal oder schriftlich kommunizieren: Wenn Sie in Ihre Kommunikation mehr und mehr Privates einfließen lassen, wird dies beim Gegenüber ebenso der Fall sein. Nach und nach wird der Austausch vertrauensvoller. Zudem bereitet es vermutlich mehr Freude, sich nicht ausschließlich über sachliche Themen auszutauschen.

Irgendwann kommen Sie dann an einen Punkt, in dem das „Siezen" nicht mehr richtig passend erscheint. Nun ist es Zeit, einen entscheidenden, wichtigen Schritt zu wagen.

„Du" anbieten

Grundsätzlich setze ich voraus, dass Sie über ein Mindestmaß von Empathie und Manieren verfügen. Ich werde daher im Folgenden nicht auf den Unterschied zwischen Plumpheit und emotionalem Mut eingehen. Sicher wissen Sie, wo die Grenzen liegen.

Auch das Anbieten des „Du" ist durchaus ein Bestandteil von „Führungsstärke". Sie machen jemandem das Angebot, das Verhältnis auf eine höhere, vertrautere Ebene zu heben. Sie zeigen damit Ihr besonderes Interesse für eine Person. Dies tun Sie in der Regel nur dann, wenn Sie sich sicher (oder überlegen) fühlen:

> **Mit dem Anbieten des ‚Du' drücken Sie auch aus, dass Sie sich Ihrem Gegenüber zumindest ebenbürtig fühlen.**

Im Fall von beruflichen Kontakten ist dieses Thema erheblich von der Branche bzw. der ‚Jugendlichkeit' des Arbeitsumfeldes abhängig. Beispielsweise ist es in der Medienbranche fast selbstverständlich, sich zu duzen („wir sind alle jung geblieben"). Ebenso unter Pädagogen („alle Menschen sind gleich") oder in Unternehmen, die einer angelsächsischen Unternehmensphilosophie folgen („wir sind alle cool").

Abgesehen von diesen Branchen bzw. Bereichen, ist es in unserem Kulturkreis aber dennoch üblich, relativ lange beim „Sie" zu bleiben. Diese Sitte ist aber sehr kontraproduktiv, wenn man dem anderen etwas näherkommen möchte. Die Anrede „Sie" ist praktisch ein emotionaler Abstandhalter, der überwunden werden muss.

Wie Ihnen bekannt ist, gilt die Regel, dass der Ältere, der Mächtigere oder der Erfahrenere das „Du" zuerst anbieten darf. Sie sollten auf keinen Fall zögern, wenn Sie eines der genannten Kriterien erfüllen. Das Duzen ist für die „Erntephase" elementar wichtig:

> **Echte Verbündete entwickeln sich nur auf der „Du"-Ebene.**

In den zahlreichen Fällen, in denen keine klaren Regeln für das Anbieten des „Du" erkennbar sind, haben Sie wieder Mut aufzubringen: Zeigen Sie Führungsstärke und Initiative. Falls Sie Zweifel hegen, ob das „Du" auf Gegenliebe stößt, können Sie auch eine kleine diplomatische List anwenden: Duzen Sie Ihren Gegenüber sozusagen versehentlich und entschuldigen Sie sich danach sofort für diese ‚Unkonzentriertheit'. An der Reaktion Ihres Gesprächspartners erkennen Sie schnell, welchen Status Sie bei ihm erreicht haben bzw. inwieweit man Ihnen über den Weg traut.

Zum Abschluss des Kapitels „Führungsstärke" können Sie sich wieder selbst bewerten. Sie haben nun in der Summe vier Aspekte der

Dieter L. Schmich

Führungslehre kennengelernt. Wie steht es damit bei Ihnen? Gibt es da noch Potenzial? Die Tabelle wird Ihnen wieder behilflich sein.

Zeige ich ausreichend Führungsstärke?
Wann habe ich das letzte Mal das Heft in die Hand genommen, um zu ändern, was mir in meinem Leben nicht gefällt? **In welchem Lebensbereich ist etwas überfällig?**
Wen habe ich der letzten Woche alles gelobt? **Welche positiven Eigenschaften haben meine drei wichtigsten Kollegen, Bekannten oder Vertrauten?**
Welchem nicht vertrauten Menschen habe ich das letzte Mal etwas aus meinem Privatleben erzählt? **Bei wem öffne ich mich nicht, weil ich Angst habe?**
Bei welchen Personen erfülle ich die Kriterien, um das „Du" anzubieten, traue mich aber nicht? **Warum? Fühle ich mich unterlegen?**

4.2.4 Erfolg

Der Begriff des Erfolgs bezeichnet das Erreichen selbst gesetzter Ziele. Das bedeutet, aufgrund Ihrer Initiative ‚erfolgt' etwas.

Sie fühlen sich immer dann erfolgreich, wenn Sie etwas geschafft haben, auf das Sie stolz sind. Dabei werden Sie sich gedanklich auf die Schultern klopfen. Sie werden sich sagen hören: „Das hast Du gut gemacht!" In dem Moment sind Sie mit sich selbst und der Welt im Reinen. Ihre Körperhaltung verändert sich zum Positiven und Sie bewegen sich souveräner. Andere Personen werden Ihre innere Zufriedenheit spüren. Sie wirken gelassener und hadern nicht mehr mit jeder Kleinigkeit. Niemand bringt Sie aus der Ruhe. Sie wirken zentriert und können auch einmal fünf gerade sein lassen. Selbst spontane Eigenschaften wie Humor, Schlagfertigkeit und Unterhaltsamkeit steigen wie von selbst an die Oberfläche. Sie achten und mögen sich in dem Moment selbst.

> **Nichts ist so anziehend wie der Erfolg.**

Wenn Sie sich erfolgreich fühlen, entsteht ein sogenannter innerer Glanz. Dies wird auch von außen wahrgenommen werden. Einer solchen Ausstrahlung werden sich Ihre Kontakte nur schwer entziehen können:

> **Wer sich selbst achtet und mag, wird auch von anderen geachtet und gemocht.**

Wenn Sie Erfolgserlebnisse haben, wird Ihr Dasein lebenswerter. In diesem Flow-Zustand werden Sie wohltuende Erfahrungen machen:

- **Sie verzichten darauf, bestimmte Rollen zu spielen.**
- **Sie wirken freundlicher, selbstsicherer und toleranter.**
- **Sie legen Ängste ab und strahlen Stärke aus.**
- **So manche Sorgen treten in den Hintergrund.**

Alle bereits erläuterten Voraussetzungen, um Sympathiewerte zu erhöhen, wie Authentizität, Integrität und Führungsstärke, kommen mehr zum Vorschein. Darüber hinaus treten wahrscheinlich weitere Veränderungen in Ihrem Verhalten ein:

> **Wer sich erfolgreich fühlt, wird seine Freude an Bescheidenheit und Großherzigkeit entdecken.**

Alle die, denen schon erfolgreiche Menschen begegnet sind, können dies sicher bestätigen.

Der Umkehrschluss gilt aber auch: Fallen Ihnen großspurige, hektische, kleinkarierte oder unfreundliche Menschen auf, ist die Wahrscheinlichkeit hoch, dass sich diese Personen nicht gerade erfolgreich fühlen. Merken Sie sich bitte diese Aussage! Auch daran müssen Sie sich erinnern, wenn Sie zu Beginn Ihres Netzwerkaufbaus eine Vielzahl neuer Kontakte machen:

> **Falls Sie während Ihrer „Startphase" auf schlechte Manieren stoßen, gibt es keinen Grund zum Ärgern.**

Vielmehr sollte Ihnen ein Licht aufgehen. Sie sind dann gerade auf jemanden gestoßen, der nicht gerade strotzt vor Selbstachtung und Selbstliebe. Man lädt dann seinen Frust bei Ihnen ab.

Sie hingegen sollten sorgsamer mit sich umgehen! Streben Sie an, sich immer ausreichend erfolgreich zu fühlen (wenn dies nicht schon jetzt der Fall ist).

Dies ist jedoch leichter gesagt als getan. Das erste Problem liegt in den verschiedenen Definitionen von Erfolg. Manche verstehen darunter materiellen Reichtum, Spitzenpositionen oder gesellschaftliche Anerkennung. Andere sind der Auffassung, dass das Ganze eher mit der positiven Bewältigung privater Herausforderungen zu tun hat, wie Kindererziehung, Partnerschaft oder die Versorgung pflegebedürftiger Angehöriger. Dann gibt es sicher auch Menschen, die mit Erfolg das Erreichen ganz spezieller, persönlicher Ziele assoziieren.

Dann geht es oft um Sinnfindung, Religion oder politische Themen.

Aber auch das Überwinden von Ängsten oder Bequemlichkeiten kann schon Erfolgserlebnisse auslösen. Damit sind diese vielen kleinen Momente im Alltag gemeint, in denen man auf das stolz ist, was man gerade erreicht hat.

Sie sehen, man kann den Begriff „Erfolg" unter vielen Gesichtspunkten betrachten. Ich fasse für dieses Buch das Ganze in zwei Hauptgruppen zusammen:

1. **Was die Gesellschaft unter Erfolg versteht.**

2. **Was Sie persönlich darunter verstehen.**

Wenn Sie Ihren eigenen Definitionen von Erfolg folgen, wird dies ganz besonders positiv für Ihre Ausstrahlung sein. Aber auch dann, wenn Sie nicht aus eigener Überzeugung, sondern nur aus gesellschaftlicher Sicht als erfolgreich gelten, werden Sie profitieren. Man zollt Ihnen Anerkennung. Das heißt, obwohl Sie nicht Ihre persönlichen Vorstellungen von Erfolg erfüllen, wird sich dennoch Ihr Energielevel aufgrund der Bewunderung anderer erhöhen. Das Ergebnis ist dasselbe – Ihre Ausstrahlung verändert sich zum Positiven.

Ich werde deshalb beide Sichtweisen von Erfolg behandeln. Zum einen, wenn Ihnen Erfolg nur unterstellt wird, zum anderen, wenn Sie sich auch tatsächlich erfolgreich fühlen. Natürlich wäre es ideal, wenn Sie beides zugleich erfüllen.

Wir starten mit dem Thema, was wohl Ihre Kontakte unter dem Begriff Erfolg verstehen werden.

Gesellschaftlicher Erfolg

Gesellschaftlicher Erfolg entsteht, wenn Sie aus Sicht anderer als erfolgreich gelten. Das heißt, Sie erfüllen die Erfolgsdefinitionen der Allgemeinheit. In diesem Fall stellt sich also die Frage, was wohl die Masse unter „erfolgreich sein" verstehen könnte.

In demokratischen Systemen ist die Antwort recht schnell zu fin-

Dieter L. Schmich

den, schließlich werden regelmäßig Wahlen veranstaltet. Im Prinzip sind dies flächendeckende Meinungsumfragen, die nicht größer sein können. Durch Millionen von Stimmen entsteht ein Abbild des Volkswillens. Betrachtet man also Wahlergebnisse, erkennt man schnell, welche grundsätzlichen Werte eine Bevölkerung verfolgt.

Hierzulande entscheidet man sich in der Regel für Parteien, die der Philosophie des Kapitalismus zugeneigt sind. Das heißt, nicht das Streben von geistigen, sozialen oder ethischen Werten ist das große Hauptziel, sondern das Vermehren von Kapital. Dabei wird der Ansatz verfolgt, dass es einer Gesellschaft umso besser geht, je höher der Wohlstand ist. Dabei ist es mehr oder weniger unerheblich, ob Vermögen gleich oder ungleich verteilt ist (dies wären schließlich soziale Fragestellungen). Die Sicherung und Vermehrung von materiellen Werten ist der alleinige Maßstab. Diesem Anspruch wird alles andere untergeordnet. Man hegt und pflegt das Kapital. Gesetzliche Rahmenbedingungen sorgen dafür, dass es sich vermehrt und nicht flüchtet.

Bei Wahlen entfallen auf diejenigen Parteien, die diesem gnadenlosen Wohlstandsstreben folgen, nahezu 90 Prozent aller Stimmen. Damit müsste klar sein, welchen Werten die überwiegende Mehrheit der Bevölkerung den Vorzug gibt: Die Masse versteht unter dem Begriff „Erfolg", das Ziel erreicht zu haben, vermögend zu sein. Kurzum:

Wer wohlhabend ist, gilt im Allgemeinen als erfolgreich.

Damit können Sie auch dem Großteil Ihres Netzwerks unterstellen, dass dort der Begriff „Erfolg" genauso definiert wird.

Falls Sie sich also einen ansprechenden Pkw, eine schöne Villa, Luxusreisen oder sonstige Statussymbole leisten können, werden Sie wahrscheinlich von Ihren Kontakten als erfolgreich eingestuft. Aber auch dann, wenn Sie eine berufliche oder gesellschaftliche Spitzenposition innehaben, setzt man Erfolg voraus. Es wird Ihnen einfach unterstellt, dass solche Stellungen auch Wohlstand erzeugen. Man zollt Ihnen Bewunderung und Anerkennung. Im Übrigen auch dann, wenn Ihre inneren Überzeugungen eine ganz andere Sprache sprechen.

Es reicht also schon aus, nur aus gesellschaftlicher Sicht als erfolgreich zu gelten, damit sich erhebliche Vorteile für Sie ergeben. Es gehen viele Türen auf. Man macht Ihnen den Hof. Selbst wildfremde Menschen werden Ihnen hinterherrennen. Wie von Geisterhand verselbstständigt sich Ihr Netzwerkaufbau. Das Tempo, mit dem die Anzahl Ihrer Kontakte wächst, erhöht sich dramatisch. Sie haben den Mainstream getroffen!

Alles in allem wird sich Ihre Netzwerkarbeit ungemein vereinfachen. Sie müssen sich nicht mehr regelmäßig melden, hilfsbereit sein, nette Grüße senden oder sonstige vertrauensbildende Maßnahmen durchführen. Ihnen werden nun diese Bemühungen zuteil, schließlich verspricht man sich jetzt einiges von Ihnen.

> **Gelten Sie als erfolgreich, können Sie Ihre Bemühungen einstellen, aber gute Beziehungen ergeben sich dennoch.**

Es versteht sich von selbst, dass sich dabei niemand für Ihr wahres Naturell interessiert. Das Ganze ist eine etwas oberflächliche Angelegenheit. Ungeachtet dessen wird es Ihnen dennoch guttun, schließlich werden sich für Ihr Ego viele Streicheleinheiten ergeben!

> **Gelten Sie aus der Sicht anderer als erfolgreich, erhalten Sie Beachtung und Anerkennung im Übermaß.**

Alles in allem gibt es sicher schlechtere Ausgangssituationen, um wichtige Kontakte kennenzulernen.

Wenn Sie also mithilfe dieses Buchs außergewöhnliche Erfolge feiern, wird „man Sie mögen". Nicht unbedingt Sie als Person, aber Ihren Status. Das Ergebnis ist aber das Gleiche: Ihre Kontakte werden sich Ihnen mehr zuwenden. Sie werden mit Kontaktwünschen verwöhnt. Sie müssen dann nur noch entscheiden, wen Sie in Ihr Netzwerk aufnehmen möchten oder nicht. Sie haben nun Wahlfreiheit. Wie immer, gibt es aber auch hier eine Kehrseite der Medaille:

> **Alle, die sich nur wegen Ihres Erfolgs mehr um Sie kümmern, werden wieder verschwinden, wenn Ihr Erfolg ein Ende hat.**

Es besteht die Gefahr, dass Sie in die Anerkennung Ihres gesellschaftlichen Erfolgs mehr hineininterpretieren, als es gesund ist. Sie könnten nämlich auf die fatale Idee kommen, dass der ganze Rummel doch etwas mit Ihnen persönlich zu tun haben könnte. Ob „man Sie tatsächlich mag", bleibt nämlich dahingestellt. Vielmehr liegt die Vermutung nahe, dass „man Sie jetzt eher braucht", schließlich könnte man ja von dem, was Sie erreicht haben, in irgendeiner Weise profitieren.

Dennoch – das alles soll Sie nicht weiter stören. Akzeptieren Sie einfach die Tatsache, dass viele, angenehme Vorteile entstehen. Man ist bereit, sich um Sie zu bemühen. Schließlich ist dies unser Ziel in der „Erntephase". Solange Sie Ihre Bodenhaftung nicht verlieren, sollten Sie alle Annehmlichkeiten einfach genießen. Wichtig dabei ist nur, dass Sie eine entscheidende Sache im Gedächtnis behalten:

> **Erfolgreich zu gelten, vereinfacht das Networking ungemein, hat jedoch mit der Entwicklung Ihrer Soziabilität nichts zu tun.**

Es gibt aber auch Menschen, die nicht den Anspruch haben, Ihre Soziabilität zu verbessern. Ihnen ist es zu beschwerlich, ihre Persönlichkeit weiter zu entwickeln. Das daraus entstehende Manko versuchen sie zu kompensieren, indem sie sich künstlich ein Image des Erfolgs zulegen.

Beispiel:

Der Vater von Frau K. war bereits in Rente. Er erarbeitete sich im Laufe seines Berufslebens eine gewisse finanzielle Freiheit. Zudem verfügte die Familie über einige geerbte Mehrfamilienhäuser. Entsprechende

Mieteinnahmen waren die Folge. Seine Tochter, Frau K., konnte in ihrem Leben auf jegliche finanzielle Unterstützung zählen. Das Generieren von regelmäßigen Monatseinnahmen war zumindest aus existenzieller Sicht für sie nicht mehr notwendig. Sie führte ein bequemes und abwechslungsreiches Leben. Sie wohnte in einer eleganten Eigentumswohnung, fuhr ein Elektroauto der gehobenen Klasse und liebte Fernreisen. Ihr großes Hobby, das Yoga, machte sie sich zum Beruf. Sie war Inhaberin einer kleinen Yogaschule. Sie galt als erfolgreiche Yoga-Lehrerin. Spirituell, liquide und weltgewandt.

Frau K. genoss ihr Image der erfolgreichen Powerfrau. Zudem war sie in der Stadt angesehen und erhielt viel gesellschaftliche Anerkennung. Sie kannte Gott und die Welt.

Was jedoch niemand wusste, sie litt regelmäßig unter Phasen der Schwermut. Sie war alles andere als stolz auf ihr Leben. Sie selbst konnte noch nicht einmal die Miete ihrer Yogaschule bezahlen, geschweige denn mit ihren Kursen ihren Lebensunterhalt finanzieren. Alles war mehr oder weniger durch ihren Vater finanziert. Ihre Wohnung und ihren Pkw kaufte sie sich zwar von ihrem eigenen Geld, jedoch kamen diese Mittel aus dem Erbe, als ihre Großtante vor wenigen Jahren starb.

Ihre Selbstzweifel konnte sie jedoch immer dadurch überwinden, wenn sie sich eine Zeit der Ablenkung gönnte. Sie liebte es zu reisen. Jedoch kam sie nur selten dazu. Sie hatte ganz einfach niemanden, der mit ihr auf Reisen ging. Ganz allein wollte sie auch nicht immer losziehen. Das Adressbüchlein von Frau K. war zwar randvoll mit Hunderten von interessanten Kontakten, aber irgendwie fühlte sie sich immer allein.

Spielen Sie nur die Rolle eines erfolgreichen Lebens, begeben Sie sich auf dünnes Eis. In diesem Fall verletzen Sie nämlich eine elementare Grundregel für die „Erntephase":

Geben Sie den Erfolg nur vor, verlieren Sie Ihre Authentizität.

Würden Sie also nur eine Show abziehen, wären Sie niemals in der Lage, ein bestimmtes Netzwerkniveau zu erreichen. Sie könnten sich zwar eine komfortable Datenbank mit vielen tollen Kontakten aufbauen, jedoch wäre die Entwicklung von echten *VERTRAUTEN* niemals möglich. Wenn es dann wirklich einmal darauf ankommt und Sie benötigen dringend Unterstützung, würden Sie wahrscheinlich dennoch alleine dastehen.

Im Übrigen ist es auch gar nicht notwendig, die Kunst der Schauspielerei zu erlernen. Es gibt eine andere, zweite Möglichkeit, um eine erfolgreiche Ausstrahlung zu erzeugen. Dazu müssen Sie nur Ihren ganz eigenen, persönlichen Erfolgsdefinitionen folgen.

Persönlicher Erfolg

Zur Wiederholung: Gelten Sie aus Sicht der Gesellschaft als erfolgreich, erhalten Sie viel Anerkennung, Ihr Auftreten wird sicherer und Sie werden mehr beachtet. Ihr Selbstvertrauen wächst und Ihre Ausstrahlung verändert sich entsprechend positiv. Ihre anziehende Wirkung auf Ihre Kontakte erhöht sich.

Jedoch können Sie einen solchen gesellschaftlichen Erfolg nicht einfach aus dem Hut zaubern. Zumal Sie ja erst einmal die Empfehlungen dieses Karriereratgebers in die Tat umsetzen müssen, bevor es so weit ist. Solche Erfolge sind aber auch nicht unbedingt notwendig, um ein anziehendes Charisma zu entwickeln. Es gibt nämlich Menschen, die keine großartige Anerkennung durch andere erhalten und dennoch einen inneren Glanz ihr Eigen nennen können. Was ist wohl deren Geheimnis?

Ganz einfach, Sie achten weniger auf das Außen, sondern folgen mehr Ihrem Innern. Solche ,Siegertypen' (ohne offensichtlichen Grund) erfüllen ihre eigenen Gesetze. Unter dem Strich erzielen sie das gleiche Ergebnis.

Egal, ob Sie nun den „gesellschaftlichen" oder den „persönlichen Erfolg" bevorzugen, das finale Glücksgefühl ist dasselbe. In beiden Fällen fühlen Sie sich gut! Einmal empfinden Sie ein gewisses Wohlbefinden, weil Sie sich von anderen geachtet fühlen, und das andere Mal, weil Sie sich unabhängig dessen selbst achten.

> **Verfügen Sie grundsätzlich über ausreichende Selbstachtung, wirken Sie automatisch positiv auf andere.**

Das Ziel zu haben, sich mehr selbst wertzuschätzen, als sich von anderen wertschätzen zu lassen, hat für Sie folgende Vorteile:

- Sie sind auf die allgemeinen Erfolgsregeln der Gesellschaft nicht mehr angewiesen.
- Ihrem Naturell widersprechende Erfolgsdefinitionen verlieren ihre Bedeutung.
- Sie laufen nicht Gefahr, Ihre Authentizität zu verlieren.
- Sie brauchen Änderungen des Mainstreams nicht mehr zu beobachten, um sich daran anpassen zu können.
- Sie fühlen sich auch dann erfolgreich, wenn Sie noch nicht über einen hohen gesellschaftlichen Status verfügen.
- Sie können Ihr Wohlbefinden auch dann auf einem hohen Niveau halten, wenn Sie gerade keine Anerkennung erhalten.

Jetzt kommen bei Ihnen sicher ein paar Fragen auf: Sind Sie eher jemand, der ausschließlich von der Anerkennung anderer lebt oder folgen Sie Ihren eigenen, inneren Erfolgsregeln. Idealerweise finden Sie die goldene Mitte. Sicher gibt es nur sehr wenige Menschen, die ohne jegliche Bestätigung von außen ein zufriedenes Leben führen können. Dennoch sollte der Großteil Ihrer Selbstachtung, aus oben genannten Gründen, auf Ihren eigenen Erfolgsdefinitionen beruhen. Wenn Sie sich nur dann gut fühlen, wenn Sie sich durch Ihre Umwelt bestätigt fühlen, kann Ihr Leben sehr anstrengend werden. In Sachen Selbstzufriedenheit wären Sie dann zum Spielball der äußeren Geschehnisse geworden.

Bleibt also die Frage offen, ob Sie positive Lebensenergie eher selbst produzieren oder diese mehr von anderen konsumieren. Folgen

Sie eher persönlichen oder gesellschaftlichen Erfolgsregeln? Rennen Sie eher der Anerkennung anderer hinterher oder können Sie auch selbstständig für Ihre Glücksgefühle sorgen. Diese Frage können Sie für sich recht schnell beantworten:

> **Ein „persönlicher Erfolg" fühlt sich auch dann noch als Erfolg an, wenn dieser von anderen unbemerkt bleibt.**

Der Umkehrschluss gilt ebenso: Wenn Sie auf etwas nur deshalb stolz sind, weil dies auch von anderen bemerkt wird, dann hat dies mit Ihren inneren Erfolgsregeln meist wenig zu tun. In diesem speziellen Fall konsumieren Sie lediglich von anderen positive Lebensenergie (sprich: Anerkennung).

Erinnern Sie sich doch einmal an ein paar Lebenssituationen, in denen Sie selbst gesetzte Ziele erreicht haben. In denen Sie sich so richtig toll fanden. Hätten Sie auch dann noch vor sich den Hut gezogen, wenn Sie dabei auf einer einsamen Insel gelebt hätten. Wäre Ihr innerer Glanz auch dann entstanden, wenn niemand etwas von Ihrem Erfolg mitbekommen hätte? Falls ja, dann haben Sie sich in diesen Augenblicken genau denjenigen ‚inneren' Ziele zugewendet, die nur Sie persönlich betrafen. Sie sind Ihrem inneren Erfolgsnavigator gefolgt! Legen Sie ruhig das Buch aus der Hand und machen Sie sich darüber ein paar Gedanken...

Wenn Sie herausbekommen, wann Sie, und zwar unbemerkt von außen, stolz auf sich sind, dann haben Sie den Schlüssel für Ihr Wohlbefinden in der Hand. Denken Sie dabei auch an Trivialitäten. Es muss nicht immer der große, einzigartige Coup sein, der einen stolz macht.

> **Sorgen Sie für Ihre kleinen, alltäglichen Erfolgserlebnisse.**

Falls Sie dies schaffen, würde Ihr „gesellschaftlicher Erfolg" an Bedeutung verlieren. Trotzdem wären Sie immer in der Lage, ein Charisma zu entwickeln, das wie ein Magnet auf andere wirkt. In diesem Fall steigen Ihre Sympathiewerte deutlich.

Um den zweiten, „persönlichen" Weg des Erfolgs realisieren zu können, sollten Sie Schritt für Schritt vorgehen: Setzen Sie sich zunächst bestimmte Ziele. Nur wer Ziele hat, kann Glücksgefühle erleben, wenn er diese schließlich erreicht. Im Übrigen sollten Sie immer darauf achten, dass sich Ihre Wünsche in greifbarer Nähe befinden. Sie erhöhen dadurch die Anzahl der Momente, die für Ihre Selbstachtung förderlich sind. So können Sie auf das Erreichen von vielen Zwischenetappen stolz sein, bevor Sie beim großen Endziel angelangt sind.

Es gibt unzählige Möglichkeiten, um auf sich stolz zu sein. Manche verstehen darunter auch das Erreichen von sportlichen Zielen. Andere sind von sich begeistert, wenn Sie nur ihre Diät eingehalten haben. Selbst das Lösen eines schwierigen Kreuzworträtsels kann ein kleiner Achtungserfolg sein.

Kommen wir nun zum Abschluss des Themas Erfolg: Letztendlich wird es eine Mischung von „gesellschaftlichem" und „persönlichem Erfolg" sein, die bei Ihnen eine gewinnende Ausstrahlung entstehen lässt. Idealerweise erleben Sie beides im gleichen Maße. Wichtig ist nur, dass Sie überhaupt den Weg des Erfolgs gehen.

Dies hat seinen Grund: Wer sich keinen Anlass gibt, sich zu achten und zu mögen, wird sich auch schwer tun, anderen einen Anlass zu bieten, geachtet und gemocht zu werden. Oder mit anderen Worten ausgedrückt:

> **Wenn Sie stolz auf sich sein möchten, sollten Sie auch etwas tun, auf das man stolz sein kann!**

Womit realisieren Sie Ihre Selbstachtung? Kennen Sie Ihren inneren Erfolgsnavigator? Wann haben Sie sich zuletzt Ziele gesetzt und diese auch erreicht? Nutzen Sie wieder die folgende Tabelle:

Dieter L. Schmich

Gehe ich den Weg des persönlichen Erfolgs?

Bei welchem Anlass war ich das letzte Mal stolz auf mich?	
Mit was kann ich solche Momente öfter generieren? Was lässt in mir grundsätzlich das Gefühl der Selbstachtung aufkommen?	
Habe ich Ziele? Wenn ja, welche? Was würde mich so richtig stolz machen, wenn ich es erreichen würde?	
Welches erste Zwischenziel kann ich mir setzen, damit ich schon in den nächsten Tagen ein kleines Erfolgserlebnis habe?	

Falls Sie noch unentschlossen sind, weil Ihnen keine Ziele einfallen, die Ihr Herz schneller schlagen lassen, dann haben Sie bereits den ersten Grund Netzwerker/in zu werden. Suchen Sie sich Menschen, die Sie inspirieren.

Fallen Ihnen hingegen nur Ziele ein, bei denen Sie keinerlei Ideen haben, wie Sie diese erreichen könnten, gibt es ebenso einen berechtigten Anlass, sich dem Networking zuzuwenden. Suchen Sie sich Kontakte, die Sie tatkräftig unterstützen. Vorausgesetzt, Sie setzen alle bisherigen Empfehlungen dieses Buchs in die Tat um, werden Sie erstaunt sein, dass es davon mehr gibt, als Sie derzeit vermuten. Zumal sowieso Folgendes im Allgemeinen gilt:

> **Das Gros aller Ziele ist niemals allein erreichbar – es werden dabei immer andere Menschen vonnöten sein.**

Wenn Sie es dann geschafft haben, sich erfolgreich zu fühlen, werden Sie alle Ratschläge des gesamten Kapitels „Man mag Sie" aus dem Handgelenk in die Tat umsetzen können. Sie werden einen inneren Glanz entwickeln, der Ihnen sehr viel Freude in Ihrem Leben bescheren wird.

Aber auch dann, wenn Ihr „gesellschaftlicher" oder „persönlicher Erfolg" nicht von heute auf morgen gelingen sollte, es gibt noch eine letzte, dritte Möglichkeit, in die „Erntephase" Ihres Netzwerkaufbaus zu gelangen. Es geht dabei um eine kleine Abkürzung beim Networking.

4.3 Zufälle

Wenn Sie sich unverzichtbar gemacht haben, sympathisch wirken und dann noch der Zufall eine Rolle spielt, werden Sie große Netzwerkerfolge feiern. Unter solchen außergewöhnlich optimalen Bedingungen werden Sie ein großes Stück eines Lebens realisieren, das Sie sich schon immer erträumt haben. Zudem werden Sie Verbündete ihr Eigen nennen können, die Sie nie mehr verlieren werden.

Aber auch mit dem Faktor „Zufall" allein, können Sie bereits viel erreichen. Es gibt tatsächlich Situationen, in denen Sie ernten können,

Dieter L. Schmich

obwohl Sie überhaupt nicht gesät haben. Grundsätzlich gilt:

- Falls „man Sie braucht oder mag", **können** Sie zusätzlich auf den Zufall setzen.

- Falls Sie die vorgenannten Kriterien noch nicht erfüllen, **müssen** Sie auf den Zufall setzen.

Manchmal trifft man die ‚richtige Person' am ‚richtigen Ort' zum ‚richtigen Zeitpunkt'. Man erhält dabei Unterstützung, wichtige Informationen oder sonstige Vorteile, obwohl es offensichtlich dafür keinen Grund gibt. Man bekommt exakt das, nach dem man im Vorfeld Ausschau gehalten hat. „Das kann doch kein Zufall sein", schießt es dann durch den Kopf.

Warum solche glücklichen Konstellationen immer wieder entstehen, kann ich Ihnen nicht schlüssig erklären. Fakt ist, sie können unter bestimmten Voraussetzungen auffällig oft auftreten. Wir haben einfach zu akzeptieren, dass es wohl Gesetzmäßigkeiten gibt, die dem Intellekt übergeordnet sind. Damit verlasse ich endgültig die logisch fassbare Ebene. Der dritte und letzte Denkansatz, um die Ziele der „Erntephase" zu erreichen, folgt einer bestimmten Philosophie:

> **Sie erfahren immer diejenige Unterstützung oder erhalten diejenige Information, die Sie gerade benötigen.**

Um in den Genuss von glücklichen Umständen zu kommen, müssen Sie jedoch erst einmal Rahmenbedingungen schaffen. Sie haben dem „Zufall" Tür und Tor zu öffnen. Dazu benötigen Sie keine großartigen Fähigkeiten. Es braucht lediglich Folgendes:

1. Engagement

2. Achtsamkeit

Damit ist dieser dritte Weg, um die Ziele der „Erntephase" zu erreichen, am einfachsten zu realisieren. Dieses Thema kann deshalb schnell abgehandelt werden. Starten wir zunächst mit Ihrer Einsatzbereitschaft.

4.3.1 Engagement

„Hilf Dir selbst, dann hilft Dir Gott", sagt ein altes Sprichwort. Wenn ich diese volkstümliche Weisheit für das Networking übersetze, heißt das:

Seien Sie engagiert, dann wird der Zufall auf Ihrer Seite sein.

Im Prinzip geht es vermutlich um die Wahrscheinlichkeitsrechnung. Wie Sie wissen, korreliert die Anzahl der Versuche immer mit der Chance, einen Treffer zu landen. Je mehr Kreuze Sie auf einem Lottoschein machen, umso größer ist die Gewinnchance. Je mehr Sie sich mit Menschen umgeben, umso höher ist die Wahrscheinlichkeit, dass der richtige darunter ist. Damit hängt der Faktor „Zufall" davon ab, wie oft Sie mit neuen und alten Kontakten zusammentreffen. Das heißt, möchten Sie die Chance auf einen Glückstreffer erhöhen, haben Sie nichts anderes zu tun, als mehr Zeit zu investieren. Vielleicht ist dies ein hoher Preis, der zu bezahlen ist. Jedoch ist dies immer noch besser, als überhaupt nicht die Ziele der „Erntephase" zu erreichen.

Kommen wir also zum notwendigen Zeiteinsatz beim Networking, wenn Sie auf den Zufall setzen möchten. Es ist nämlich nicht immer gegeben, dass Sie automatisch sehr viel zeitlichen Aufwand betreiben müssen, um einen Glückstreffer zu landen. Dabei gilt erfahrungsgemäß folgende Regel:

Je älter Ihr Netzwerk ist, umso weniger Zeit ist erforderlich.

In dieser komfortablen Lage sind Sie jedoch noch nicht. Sie haben vielmehr ein nagelneues Beziehungsgeflecht aufzubauen. Infolgedessen haben Sie zu Beginn Ihrer Netzwerkarbeit natürlich auch mehr Zeit zu investieren. Sicher wird es davon abhängen, wie wichtig es Ihnen ist, bestimmte Wünsche erfüllt zu bekommen. Dennoch empfehle ich Ihnen, zumindest für die ersten zwölf Monate, bestimmte Netzwerktage fest einzuplanen. Sie könnten sich beispielsweise bestimmte zeitliche Ziele setzen, um dem Faktor „Zufall" eine große Chance einzuräumen. Sie sollten sich für je Woche Folgendes vornehmen:

- **Einmal ein Zusammentreffen mit jemandem, mit dem Sie bisher noch kein „Vier-Augen-Gespräch" geführt haben.**

- **Ein persönliches Treffen mit einem BEKANNTEN oder VERTRAUTEN.**

- **Eine Teilnahme an einem Event, einem Vortrag oder ähnlichen Veranstaltungen, bei denen man auf neue Kontakte trifft.**

- **Vier Stunden Recherche und Erstansprache neuer Kontakte per E-Mail, persönlich, telefonisch oder über Online-Netzwerke.**

- **Vier Stunden Aktivitäten zur Pflege von alten und neuen Kontakten.**

An welchen Tagen Sie dies organisieren, hängt natürlich von Ihren Lebensumständen ab. Sicher ist die Kommunikation per E-Mail oder über Online-Netzwerke auch noch spät am Abend möglich. Für die wichtigen „Vier-Augen-Gespräche" können Sie auch Mittagspausen oder After-Work-Termine legen.

Es gibt aber auch Networker, die z.B. nur den Samstag zum Netzwerktag erklären (dafür den Sonntag zum Familientag). Sie komprimieren die Wochenaktivitäten auf einen einzigen Tag. Sie gehen dann samstags erst einmal mit einem Ihrer BEKANNTEN oder VERTRAUTEN frühstücken. Dann machen sie eine kleine Pause und erledigen private Einkäufe, um sich im Anschluss zu einem zweiten „Vier-Augen-Gespräch" auf einen Kaffee (oder Mittagessen) zu treffen. Nachmittags oder am frühen Abend sitzen sie am PC und erledigen noch die ausstehende Korrespondenz oder Pflegearbeit aus der laufenden Woche. Zudem surfen sie in ihrem Online-Netzwerk und machen ein paar neue Kontakte. Danach ist wieder Pause, um schließlich abends eine Veranstaltung zu besuchen, auf der man auf neue Menschen trifft.

Alles in allem gibt es unzählige Varianten, wie Sie den notwendigen Zeitaufwand managen können, um die geforderte Aktivitätsintensität zu erreichen.

Falls Sie es besonders eilig haben, können Sie Ihr Engagement natürlich auch erheblich steigern. Es ist durchaus denkbar, sich für ein paar Wochen oder Monate täglich mit dem Netzwerkaufbau zu befassen. Je nachdem, welche beruflichen oder privaten Verpflichtungen es gerade bei Ihnen gibt. Als Belohnung wird Ihr Leben abwechslungsreich, Sie erhalten eine gewaltige Menge von Inspirationen und vor allem entstehen daraus in kurzer Zeit viele neue Kontakte. Ganz davon abgesehen, dass sich dabei die Chancen auf mögliche „Zufälle" massiv erhöhen. Ja, es kann sogar als ein großes Abenteuer verstanden werden, sich hundertprozentig auf den Aufbau eines neuen sozialen und beruflichen Netzwerks zu konzentrieren.

Halten Sie jetzt einmal kurz inne: Wie gestalten Sie denn derzeit eine Woche Ihres Lebens? Wie oft treffen Sie sich denn immer wieder mit denselben Bekannten? Unterhalten Sie sich dabei auch über Themen, die Sie schon das x-te Mal durchgekaut haben? Wie viel Zeit verplempern Sie mit Fernsehen und im Internet? Was unternehmen Sie jede Woche, damit Ihr Leben einen besseren Verlauf nimmt? Was tun Sie konkret, um Ihre Träume, Bedürfnisse und sonstigen Interessen in den Mittelpunkt Ihres tagtäglichen Lebens zu stellen?

Manche rechtfertigen sich oft mit Ihrer Familie bzw. Ihrem Nachwuchs. Sie hätten keine Zeit, bekomme ich dann zu hören. Darauf kann ich nur eines erwidern: Am meisten ist Ihrem Partner oder Ihrem Kind bzw. Kindern geholfen, wenn Sie besser leben und arbeiten. Nur dann, wenn Sie mit sich und der Welt zufrieden sind, können auch andere von Ihnen profitieren. Ausschließlich unter diesen Bedingungen können Sie für Ihre Lieben hilfreich sein! Damit nicht genug: Falls Sie sogar unzufrieden sind, weil Sie sich nicht konsequent um die Erfüllung Ihrer Wünsche kümmern, können Sie sogar zu einer erheblichen Belastung für Ihr nahes Umfeld werden.

Beginnen Sie, viele Menschen in Ihren Alltag zu integrieren. Bemühen Sie sich, regelmäßig neue Personen kennenzulernen. Sind Sie entsprechend engagiert, werden Sie überrascht sein, wie viel Glückstreffer sich ergeben werden. Insbesondere dann, wenn wieder einmal (wie „zufällig") exakt das auf Sie zugekommen ist, wonach Sie schon ewig gesucht haben.

> **Setzen Sie Prioritäten, was für Sie und Ihre Lieben besser ist.**

Ein ernstzunehmendes Problem würde allerdings vorliegen, wenn Sie sich derzeit bei Ihrem Job aufreiben würden. In diesem Fall wären Sie in einer Endlosspirale gefangen:

- **Kein attraktiver Job bedeutet nervenaufreibendes Arbeiten.**
- **Nervenaufreibendes Arbeiten bedeutet weniger freie Zeit.**
- **Weniger freie Zeit bedeutet weniger Networking.**
- **Weniger Networking bedeutet keine Verbündete.**
- **Keine Verbündete bedeutet kein attraktiver Job.**
- **Kein attraktiver Job bedeutet nervenaufreibendes Arbeiten.**
- **usw.**

Falls Sie in diesem Kreislauf stecken sollten, haben Sie jetzt die Wahl. Sie können ausbrechen. Wenn Sie sich ausreichend engagieren, werden Sie auf die richtigen Menschen treffen, die Ihnen dabei helfen. Dabei gibt es aber noch eine Kleinigkeit zu beachten.

4.3.2   Achtsamkeit

Achtsamkeit ist eine Form der Aufmerksamkeit im Zusammenhang mit einem besonderen Wahrnehmungszustand.

Menschen, die außergewöhnliche berufliche Erfolge vorzuweisen haben, beherrschen diese Fähigkeit. Ihnen fallen Gegebenheiten in ihrer Umwelt auf, die für die meisten Menschen verborgen bleiben. Neben ihren hervorragenden fachlichen und sozialen Vorzügen, sind sie in der Lage, günstige Gelegenheiten bzw. sogenannte „Zufälle" zu erkennen. Wenn man sie interviewt, was das Geheimnis ihres Erfolgs ist, hört man immer die gleiche Antwort: „Glück gehabt!"

Sie berichten dann, dass sie irgendwie in die Situation kamen, zum passenden Zeitpunkt am richtigen Ort gewesen zu sein. Konkret erklären können sie dies aber nicht. Dennoch hatten Sie irgendwie das Gefühl, dass gerade etwas Wichtiges geschieht.

Demnach hat das Gros erfolgreicher Menschen eine ganz bestimmte Eigenschaft gemein. Sie verfügen ihrer Umwelt gegenüber über eine ausgeprägte Achtsamkeit. Ihnen fallen ganz einfach Situationen auf, aus denen dann bestimmte „Zufälle" entstehen.

Sie sollten ab sofort mit offenen Augen durch die Welt gehen (wenn Sie dies nicht schon tun). Inwieweit bemerken Sie Ihre Umwelt? Wie bewusst erleben Sie Ihren Alltag?

> **Wenn das Schicksal Ihnen die Hand reichen möchte, sollten Sie dies bitte auch bemerken.**

Wenn Sie sich in der Öffentlichkeit bewegen, haben Sie geistig präsent sein. Vielleicht begegnen Sie einmal einer Person, die Ihnen den entscheidenden Tipp schlechthin liefern könnte.

Dies gilt ganz besonders für neue Kontakte. Sie erleben ständig Situationen, in denen Sie auf unbekannte Personen treffen. Dies kann z.B. auf einer Geburtstags- oder Familienfeier sein. Oder bei anderen Gelegenheiten bringen Bekannte jemanden mit, den Sie zuvor noch nie gesehen haben. Manchmal sitzt sogar eine wildfremde Person wie zufällig neben Ihnen. In Seminaren sind neue Teilnehmer anwesend oder Sie werden irgendwo angesprochen.

Manchmal fallen Ihnen aber auch nur bestimmte Leute auf und Sie wissen nicht warum. Es gab sicher unzählige Situationen, in denen

Sie subtil etwas bemerkten, Sie aber dennoch zur Tagesordnung übergegangen sind.

Es gibt aber auch Menschen, denen gar nichts auffällt. Natürlich
ist man nicht permanent gewillt, sich auf alles und jeden zu konzentrieren. Kommt dies allerdings ständig vor, kann davon ausgegangen
werden, dass eine gewisse mentale Bequemlichkeit im Spiel ist. Dann
bekommt man beispielsweise Aussagen zu hören, wie „Ich kann mir
einfach keine Namen merken". Während der Namensnennung ist
man zu faul, sich auf das Gegenüber zu fokussieren. Selbst die Augenfarbe des Gesprächspartners fällt gewissen Leuten nicht auf. Vielleicht
läuft man sogar völlig abwesend durch die Welt, weil man ständig mit
sich selbst beschäftigt ist. Die Umwelt wird nur teilweise oder – im
Extremfall – überhaupt nicht wahrgenommen.

> **Ohne Achtsamkeit für die Umwelt werden Sie „Zufälle" nur
> dann bemerken, wenn Sie Ihnen vor die Füße fallen.**

Leider wird Ihnen das nicht immer so leicht gemacht. Die sogenannten Glückstreffer kommen eher subtil daher. Trainieren Sie deshalb
Ihre Achtsamkeit. Die gedankliche Präsenz in der Gegenwart ist dafür
das entscheidende Instrument. Dazu sind Sie ohne Weiteres in der
Lage:

> **Konzentriert man sich auf die Umwelt entsteht Achtsamkeit.**

Passen Sie ab sofort genau auf, wenn Ihnen jemand etwas erzählt.
Was hat das, was Sie zu hören bekommen, mit Ihrer aktuellen Situation zu tun? Vielleicht bekommen Sie gerade (ganz nebenbei) Informationen präsentiert, die Sie mit Riesenschritten weiterbringen könnten.
Oder das Gegenüber kennt genau diejenige Person, die Sie schon seit
ewigen Zeiten suchen.

Es ist im Übrigen reine Gewohnheitssache, sich auf die Umwelt
oder Menschen zu konzentrieren. Sie müssen es sich nur vornehmen.

Allerdings können gute Vorsätze in den Wirren des Alltags auch wieder vergessen werden. Daher empfehle ich, mit Gedächtnisstützen zu arbeiten. Diese sollen Sie permanent erinnern, dass Sie sich vorgenommen haben, Ihre Gedanken nicht abschweifen zu lassen. Erinnerungssymbole können Sie z.b. folgendermaßen kreieren:

- **Tragen Sie Ihre Uhr am anderen Handgelenk.**
- **Verlegen Sie Ihren Haarscheitel auf die andere Seite oder verändern Sie Ihre Frisur auf sonstige Art und Weise.**
- **Tauschen Sie den Desktop-Hintergrund an Ihrem Rechner aus.**
- **Wählen Sie einen neuen Klingelton an Ihrem Mobiltelefon.**
- **Verändern Sie Ihr Rasierwasser/Parfüm.**
- **Stellen Sie maßgebliche Einrichtungsgegenstände zu Hause oder in Ihrem Büro um.**
- **Kaufen Sie sich einen bedeutungsvollen Schmuckgegenstand.**
- **Wechseln Sie den Klingelton Ihrer Eingangstür.**
- **Hängen Sie sich ein Symbol an den Innenspiegel Ihres Pkws.**
- **Und, und, und ...**

Selbstverständlich können Sie diese Gedankenstützen auch sehr gut für andere Vorsätze einsetzen („Habe ich diese Woche schon einen neuen Menschen kennengelernt?"). Ebenso ist es möglich, sich auf diese Weise daran zu erinnern, bestimmte Rollen ablegen oder mehr Führungsstärke zeigen zu wollen. Möglicherweise möchten Sie auch nur gewährleisten, dass Sie bestimmte Wünsche nicht ständig vergessen, weil Sie mit Ihrer Familie und Ihrem Job in der besagten Endlosspirale stecken.

Sie können sich jetzt wieder selbst überprüfen. Wie achtsam sind Sie? Wie bewusst erleben Sie Ihre Mitmenschen oder Ihre Umwelt? Vielleicht fallen Ihnen dazu einige Situationen der letzten Tage ein. Die folgende Tabelle ist Ihnen wieder behilflich:

Dieter L. Schmich

Bekomme ich mit, was in meiner Umwelt vor sich geht?

Auf wie viele neue Menschen bin ich in den letzten Tagen gestoßen?

Wie lauteten deren Namen?

Welche Unbekannte sind mir diese Woche irgendwie aufgefallen?

Wer wollte mit mir sogar Kontakt aufnehmen und ich habe überhaupt nicht reagiert?

Welche Augenfarbe haben die Menschen, mit denen ich heute persönlich gesprochen habe?

Welche Geschichten wurden mir die letzten Tage erzählt?

Haben diese vielleicht auch etwas mit meiner eigenen Situation zu tun?

Wie war das Wetter vorgestern?

Im Übrigen berichtet das Gros aller erfolgreichen Persönlichkeiten, dass Sie auch wie „zufällig" Mentoren fanden, die sich dann ihrer angenommen haben. Es gibt demnach einflussreiche Menschen, die sich auf die Fahne geschrieben haben, andere zu fördern. Ja, manche fühlen sich sogar förmlich dazu verpflichtet.

Stellen Sie sich vor, Sie kämen einmal in die Situation, so jemanden kennenlernen zu können. Und Sie würden es nur deshalb nicht bemerken, weil Sie gerade mit Ihren Gedanken ganz woanders sind. Dies wäre doch sehr schade, nicht wahr?

4.4 Fazit

Sie sind am Ende dieses Ratgebers angelangt. Zum Schluss möchte ich noch ein kurzes Fazit ziehen.

Aus hinlänglich erläuterten Gründen wird in Zukunft der Verlauf Ihres Lebens und Ihrer Karriere mehr denn je von anderen Personen abhängig sein. Sie benötigen Freunde, Kollegen, Vorgesetzte, Firmeninhaber, Personalverantwortliche oder sonstige Persönlichkeiten, die Sie im richtigen Moment unterstützen oder mit wichtigen Informationen versorgen. In dynamischen und unsicheren Zeiten sich als Einzelkämpfer durchsetzen zu wollen, wäre ein mehr als leichtsinniges Unterfangen.

> **Ihr Netzwerk wird sozusagen die Lebensversicherung für Ihre gesamte private und berufliche Zukunft sein.**

Es versteht sich von selbst, dass vieles nicht von heute auf morgen umzusetzen ist. Die meisten Menschen beschäftigen sich aber erst dann mit Networking, wenn die Karriere bereits ins Stocken geraten ist oder schon die Kündigung droht. Schnell zeigt sich, dass wichtige Kontakte oder Informationen fehlen.

Aber auch im privaten Bereich sehnt man sich erst dann nach

Unterstützung, wenn es eigentlich schon zu spät ist. So manchem geht sogar erst im Rentenalter ein Licht auf.

Ihnen kann dies jetzt nicht mehr passieren. Sie wissen jetzt Bescheid. Denken Sie also rechtzeitig an das Schaffen von sozialen und beruflichen Verbündeten. Seien Sie heute aktiv, damit Sie morgen auf Unterstützung zählen können. Agieren Sie vorausschauend.

Des Weiteren haben Sie im Laufe dieses Buchs sicher bemerkt, dass Networking nicht nur etwas mit dem simplen Kontaktieren von Personen zu tun hat, sondern auch mit Ihrer Persönlichkeitsentwicklung. Mir ist bewusst, dass es manchmal beschwerlich ist, alte Denkmuster aufzugeben. Manche Voraussetzungen, um Verbündete zu schaffen, erfüllen Sie sicher schon jetzt, andere müssen Sie sich noch antrainieren. Sich so manche Charakterschwäche einzugestehen, wird ebenso unangenehm sein.

Dies alles ist der Preis, den es anfänglich zu bezahlen gilt. Doch es lohnt sich. Sie werden Ihre Lebensqualität in allen Bereichen erhöhen können. Verfügen Sie über viele soziale und berufliche Verbündete wird ein erfolgreiches und entspanntes Leben garantiert sein. Der Weg dorthin kann durchaus auch ein großes Abenteuer sein! Begreifen Sie Networking als Lebensmotto. Dazu müssen Sie das hier vorgestellte Konzept nur in die Tat umsetzen.

In der „Startphase" haben Sie Personen zu recherchieren und zu kontaktieren. Sie sollten den Mut aufbringen, den ersten Schritt zu machen.

In der „Pflegephase" haben Sie sich zu kümmern, sich Ihren Kontakten zu öffnen und Vertrauen aufzubauen.

Möchten sie schließlich die „Erntephase" erreichen, haben Sie die Wahl: Entweder Sie machen sich unverzichtbar oder Sie entwickeln ein gewinnendes Charisma. Als dritte Möglichkeit können Sie auch auf den Faktor Zufall setzen. Dazu müssen Sie lediglich Zeit investieren und ein wenig Ihre Achtsamkeit schulen.

Im besten Fall realisieren Sie alle drei Faktoren, um die Ziele der

„Erntephase" zu erreichen. Tragen Sie Sorge dafür, dass man Sie nicht nur „braucht", sondern zugleich auch „mag". Wenn Ihnen dabei noch das Schicksal in die Karten spielt, wird Ihnen die ganze Welt offenstehen!

Alles was Sie in Ihrer Vergangenheit je erlebt, erlernt oder erreicht haben, hat in der Mehrzahl mit anderen Personen zu tun gehabt. Dies wird auch weiterhin so bleiben. Möchten Sie also Neues erleben, erlernen oder erreichen, werden Sie wahrscheinlich wieder neue Menschen benötigen.

> **Verbündete zu haben, wird das Wertvollste sein, was Sie je in Ihrem Leben besitzen werden.**

Fangen Sie frühzeitig an, sich darum zu kümmern. Öffnen Sie sich und gehen Sie auf andere zu. Entwickeln Sie Ihre Soziabilität, um nicht nur Ihre Karriere zu fördern, sondern auch privat entspannt leben zu können.

Ich wünsche Ihnen dabei von Herzen viel (persönlichen) Erfolg!

Dieter L. Schmich

PS: Im Übrigen freue ich mich über Feedbacks und Anregungen. Selbstverständlich bin ich über *XING* gut zu erreichen. Zur Not auch bei den erwähnten amerikanischen Online-Communities. Grundsätzlich freue mich ich über jede Kontaktanfrage.